TÚ

YOU

TOI

TU ESTILO ERES TÚ

TU
YOU
TOI

TU ESTILO ERES TÚ

Sara Galindo

URANO

Argentina – Chile – Colombia – España
Estados Unidos – México – Perú – Uruguay – Venezuela

1ª edición: Noviembre 2016
1ª reimpresión: Marzo 2017

© 2016 *by* Sara Galindo
© 2016 Fotografía: Manuel Zúñiga
© 2016 Fotografía de producto y realización de video: Khristio
© 2016 *by* Ediciones Urano, S.A.U.
Aribau, 142, pral.-08036 Barcelona
www.edicionesurano.com
Ediciones Urano México, S.A. de C.V.
Ave. Insurgentes Sur 1722, 3er piso. Col. Florida
Ciudad de México, 01030.
www.edicionesuranomexico.com

ISBN: 978-607-748-059-4

Directora de arte: Dalia Pallares
Directora de fotografía: María de los Ángeles Reygadas
Fotografía: Manuel Zuñiga
Fotografía de Sara Galindo para It Girl: Oscar Valle
Edición: Mina Albert
Corrección: Paloma González
Coordinación y fotocomposición: Dalia Pallares

Impreso por: Editorial Impresora Apolo, SA de CV.
Centeno 150-6, Granjas Esmeralda, 09810. CDMX.
Impreso en México – *Printed in Mexico*

A Mateo y Paula

ÍNDICE

I

ÉRASE UNA VEZ

Tenía 22 años y un novio español maravilloso al que llegué a querer con toda mi alma. Era un hombre bueno, educado y me fascinaba. Mis amigas decían que se parecía a Pete Sampras[1], pero bueno, no es ese amor lo que te quiero compartir, sino los errores garrafales de estilo que cometí.

Su familia tenía una finca en Palma de Mallorca y la primera vez que me llevó ahí fue para presentarme oficialmente con ella. -No sé cómo me estoy atreviendo a contarte esto, pero definitivamente creo que es importante que conozcas un poco más de mí y que veas que por más editora y experta en moda, al menos alguna vez me equivoqué.

Era Semana Santa y jamás pensé en cómo debía preparar mi maleta para este importante viaje. Metí la ropa que hubiera puesto para ir a Acapulco o Ixtapa: pareos, túnicas, alpargatas, bikinis, *sunblock*, lentes, linos... Lo que consideré perfecto para esas vacaciones.

Llegamos de noche al aeropuerto de Palma donde nos esperaba un chofer de la familia en un *Audi*, -nunca se me va a olvidar. No sé aún si el chofer manejó una hora o cinco minutos, el tiempo no era el protagonista en esos momentos, pero sí lo era mi ansiedad por llegar a la casa donde había crecido mi novio y diez generaciones anteriores de su familia.

Por fin llegamos a un lugar que si no era el más hermoso y agradable que había visto en mi vida, estaba muy cerca de serlo. La construcción era de piedra, como muchas de las casas de esa región.

[1] El tenista.

No era tan joven como para tener excusa, pero tampoco había pasado Semana Santa en Europa y mucho menos en una finca en Palma de Mallorca. Esa noche, aunque estaba nerviosa, dormí plácidamente en un lindo cuarto de la casa principal. A la mañana siguiente mi novio tocó delicadamente la puerta de mi habitación y con una voz no muy abrupta, como para dejarme dormir cinco minutos más, me dijo:

— Cariño, te estamos esperando para desayunar, ¿ya estás lista? Recuerda que vamos a Puerto Portals[2] para salir en el barco. Te esperamos abajo.

Oí su voz adentro de mi sueño y seguí durmiendo, pero a los cinco minutos escuché la voz de una señorita que me decía:

— Señora Sarita, la esperan los señores para desayunar.

Salté de la cama y me metí a bañar, me puse un *spray* con aroma a coco de *Victoria's Secret* -para mi desgracia súper tropical-, un vestido *nude* con palmeras verdes, un bikini divino *ERES* verde oscuro, un *panama hat* y unas alpargatas *nude.* Cualquiera hubiera envidado mi *look,* lo juro. Me puse un poco de *blush* color bronce y gracias a Dios no me puse un collar de bananas porque tuve la intuición de que era *too much.* Me acuerdo y, mientras lo escribo, me quiero meter debajo de la silla de la vergüenza.

Bajé esas prominentes escaleras con mi *beach bag* Chanel y unos lentes *oversize* súper *statement.* Ahí me esperaba mi novio, vestido divino con un suéter de cashmere gris *oversize* de Loro Piana, una chaqueta en lana, cashmere y un poco de algodón azul marino, jeans y botines. La temperatura ambiente era de ¡12 grados centígrados!

[2] Puerto deportivo, situado en Portals Nous, perteneciente al municipio de Calviá, España.

En ese momento me di cuenta que mi vestuario sí reflejaba lo que yo era, pero no era el clima, ni el lugar indicado para portarlo, no en Palma de Mallorca, ¡no frente a la gente más elegante que había visto en mi vida, frente a los que jamás se equivocan!

Su mamá, de figura exquisita, apareció al final del corredor vestida de color verde olivo y *nude,* en lana cashmere y un poco de algodón. Toda ella era tan elegante y yo "tan latina". Educadamente me llevó a su clóset, me dijo que me iba a congelar y me ofreció que tomara algo de ropa prestada, pero la señora era talla 1 y yo 6. No me entraba nada ni por un dedo. Me sentí tan obesa, tan tropical… -mi autoestima no estaba en su mejor punto y aunque lo tenía a él de nada servía, pues no me tenía a mí. Nadie me enseñó que la clave de la supervivencia en cualquier situación era ser fuerte ante todo y demostrar seguridad.

Nos subimos al barco después de habernos topado en la Marina con las infantas Elena y Cristina. En mi interior moría de frío pues aunque me puse encima todo el cashmere del clóset de mi novio, yo sabía lo mal que lo había hecho y que había cometido el error de estilo más grande de las Baleares.

Después de años y de haber vivido otras experiencias rodeada de otro tipo de personas menos sofisticadas, logré darme cuenta que la verdadera elegancia no está en combinar el *outfit* de pies a cabeza de ropa de marca o combinar colores y tendencias a la perfección. La verdadera elegancia está en tu mente, en tus acciones, en tu bondad, en tu voz, en la gracia que tienes para vivir. En tu sonrisa, en tu buen gusto y en tu estilo de vida en general.
Si yo hubiera entendido eso en aquel tiempo no me hubiera sabido tan mal Mallorca. Me pude haber reído de lo sucedido, lo hubiera solucionado y seguido adelante como una gran lección de estilo aprendida, pero no lo hice.

Viviendo en una era donde la información está presente a cada respiro, mantenernos fieles a lo que somos y querernos es, muchas veces, como caminar en un oscuro laberinto.

Siempre hemos creído que teníamos que proyectar una imagen con lo que llevábamos puesto, pero después de casi veinte años de tener esta falsa creencia me di cuenta que es totalmente al revés. Lo que en realidad hay que buscar, es vestirnos para reflejar quiénes somos y no definir nuestra esencia y personalidad con lo que vestimos.

Este libro comenzó como un experimento, como una ambiciosa idea sobre cómo podría lograr que las mujeres nos sintiéramos **hermosas** y completas de adentro hacia afuera y no al contrario. Yo deseo que todas las personas que se han topado en mi camino y las que están por hacerlo siempre estén inspiradas, rodeadas de belleza, seguridad, bondad, amor y buen gusto. Un buen gusto que se lleva en las venas y que se acompaña perfectamente bien con un hermoso vestido.

¿Quién dijo que era frívolo querer verse bien? ¿Qué no ven que el hecho de que nos procuremos es sinónimo de estabilidad emocional, de que somos respetuosos con nuestra persona y con el ambiente en el que nos movemos? ¿Por qué no verlo como un proyecto de vida que incluye mejorar y evolucionar por el simple placer de ser felices para nosotros mismos?

Siempre es tiempo de hacer un cambio de mejorar tu imagen, de darle este *up grade* a tu clóset y a tu estilo, de amarte y reinventarte. Mi intención con este libro es ayudarte a que suceda.

Te aseguro que en cada línea encontrarás la respuesta a esa pregunta que te estás haciendo. Descubrirás un camino que te llevará a convertirte en una mujer llena de confianza. Recuerda que no puedes dar lo que no tienes y que tampoco puedes recibir lo que no eres capaz de dar.

Me he dado cuenta que la mayoría de las personas pasan mucho tiempo queriendo tener otro cuerpo o haciendo algo para que su cara cambie, y cuando llega esa cara o ese cuerpo tan deseado, el problema no se acaba ahí. No te traiciones a ti misma, ¡acepta quien eres y mejora lo más que puedas!

Todo te va a funcionar si estás de tu lado, si eres de tu propio equipo. La competencia no está allá afuera con las demás chicas que crees que lo tienen "todo". La competencia debes tenerla sanamente contigo misma para ser cada vez mejor de lo que eras antes.

Amiga mía, tú que estás confiando en mí, te doy mi palabra que este libro, además de ayudarte a afinar tu estilo, será la guía más completa para verte fabulosa en cualquier situación, a cualquier edad y en cualquier escenario. Todos los que formamos parte de este proyecto nos hemos dedicado a que cada página tenga una imagen precisa de lo que está sucediendo en la moda a nivel global *timeless* y *ultra chic*.

Al terminarlo de leer sentirás un gran alivio y muchas ganas de volver a empezar. Serás la mejor versión de ti misma, la que jamás pensaste que podías ser. Tienes más de mil razones y distintas formas de ser feliz y estar agradecida. Recuerda siempre que no hay nadie mejor que tú.

¡Recuerda que sólo vives una vez!

Hay dos elecciones
principales en la vida:
aceptar las condiciones actuales
en las que vives, o
aceptar la responsabilidad
para cambiarlas.

- DENIS WAITLEY

II

MI ESTILO SOY YO

Yo era una chica normal antes de los 18 años. Mis padres siempre han sido personas muy trabajadoras. Con mucho esfuerzo mi mamá se encargó de que mis hermanos y yo tuviéramos la mejor educación posible, esa era su inversión –hoy que tengo dos hermosos hijos la comprendo- y también esa es mi inversión, además de lindas bolsas, zapatos y ropa *timeless* de calidad.

En los intercambios escolares de verano mis hermanos y yo éramos de los afortunados que viajábamos a Europa. Allá fue que empecé a transformarme en algo que seguramente es demasiado para muchos, pero de tamaño justo para los que hemos vivido lo mismo. Sin embargo, y pese a todos los esfuerzos de mis papás, dos meses no son suficientes para convertirte en "local".

En ese tiempo quise vivir en París o Florencia pero no fue posible. La realidad me alcanzó y regresé a vivir a provincia, ahí me enamoré por primera vez. Fue un amor tan limpio y verdadero que yo no veía más allá de él. Después de tres años de noviazgo nuestra relación terminó y también mis ganas de respirar. No sé qué sucede en esa etapa de la juventud, pero hasta me era difícil ver la luz. Hoy me pasan cosas veinte veces más graves y al día siguiente todo parece más iluminado que el día anterior. Quizás es cuestión de madurez y fortaleza que sólo la experiencia te da.

Por fortuna y porque los tiempos de Dios son perfectos, la salvación llegó. Mi tía Roxana estaba casada con un hombre fabuloso de nacionalidad española, era un banquero muy exitoso. Por cuestiones de trabajo mis tíos se mudaron a Londres y mi mamá logró que me fuera con ellos para cuidar a sus cuatro hermosos hijos. -No fue exactamente en el tiempo en el que yo quería que

sucediera, pero sucedió en el momento que tenía que ser, en el que yo lo necesitaba. Así funcionan las leyes del universo, y cuando las entiendes y las abrazas, no te queda más que agradecer.

No me acuerdo qué ropa llevaba en mi maleta para vivir en la ciudad más *posh* del planeta, pero me imagino que nada espectacular ni digno de recordar. Lo que sí sabía era que vestirme bien no era tema de dinero, sino de buen gusto. Yo lo tenía, aunque no tenía noción de cómo explotarlo o por dónde empezar.

En aquel entonces no existían las redes sociales como para enterarse de qué pasaba en el otro lado del mundo, la única forma de saberlo era viajando y viviendo en los lugares donde nacía la verdadera sofisticación y yo estaba ahí.

Estaba bendecida por todos lados: vivíamos en un lugar privilegiado, a sólo cinco minutos de donde dormía Lady Di con sus dos pequeños hijos. Todas las mañanas cruzaba *Regents Park*, el aire era tan frío pero tan lleno de esperanza. La belleza estaba hasta en la forma en que caían las hojas de los árboles. Ahí fue donde entendí lo que era el buen gusto y lo importante que era tener un estilo propio.

Tenía 18 años y aunque la moda era un tema que llevaba en la sangre desde pequeña, era difícil lograr ponerle nombre y etiqueta a ese gran episodio de mi evolución. Un día entendí que ese episodio se llamaba: "¡Aleluya, encontré mi estilo!" Y una vez que lo encontré, nunca lo dejé ir. Me hizo ver bien y sentirme más identificada con mi personalidad. Sentí una enorme tranquilidad.

Recuerdo que era muy el estilo de blazer azul marino con botones dorados tipo marinero con pantalón blanco. Hoy me veo haciendo lo mismo en verano y en invierno, simplemente cambio lo pantalones por unos de piel. Logré deducir que me fascinan los *looks* que se ven prácticos, sin mucho esfuerzo.

Effortless es una forma de vida, es cuando estás convencida de lo que eres, tus pies están enraizados en la tierra, tus pensamientos son congruentes con tu alma, tu actuar va paralelo a lo que piensas y sientes. Por lo tanto, no tienes ninguna necesidad de aparentar nada, de caerle bien a nadie, de ser extra servicial, extra perfecta o extra amable.

Y no es que no te importe verte bien o que salgas fachosa. Es simplemente no pretender, porque pretender cansa y la verdad siempre sale.

Trying so hard vs. Effortless: cuando te esfuerzas demasiado por lograr algo no es auténtico. Como también lo es llevar el *effortless* a los extremos. Encuentra el punto medio en donde te sientas bien siendo quien eres. La clave del *effortless* está en la autoaceptación.

¿Recuerdas el día que *Pretty Woman* decide ir a la universidad y se pone unos jeans con un blazer? Justo ahí capté qué es elegante, *chic* y *effortless*. Es el estilo clásico de una mujer que trabaja y es exitosa en lo que hace, ya sea la banquera más aguerrida o la súper mamá. Una mujer versátil que está en constante movimiento. Eso fue lo que entendí en Londres pues la mayoría de las mujeres que viven ahí así son.

ENCONTRÉ MI UNIFORME en la vida y hoy, después de veinte años, tengo que confesar que me encanta ponerme la misma ropa una y otra vez. No quiero hacer un esfuerzo cada día, simplemente quiero verme lo mejor que puedo con ropa de muy buena calidad y descubrir las distintas variantes de lo que tengo en colores neutros. ¿Está mal? No lo sé, pero es así como yo interpreto que alguien encontró su propio estilo. Cuando lo repite una y otra vez, y siempre logra verse bien. Cuando no quiere ser nadie más, ni prueba diferentes estilos para ser la persona que en realidad no es.

Me fascina ver a una mujer con su sello personal y que con los años lo pule y perfecciona. Quizá cambia, pero siempre cuidando y amando quién es y lo que le gusta. **No lo que la moda le dicta.**

Nada más observa a esas personas que representan un ícono de la moda, o que son autoridades en vanguardia y estilo. Todas ellas tienen su propio uniforme, y lo han usado por años. ¿Has notado como Karl Lagerfeld, Anna Wintour, Tom Ford, Carolina Herrera, Iris Apfel y Giorgio Armani -sólo por mencionar algunos personajes- están vestidos siempre igual? ¿Te has preguntado por qué? Compruébalo por ti misma: busca una foto de cualquiera de ellos de hace años y otra actual, ¿quieres saber la respuesta? Por la misma razón que lo harás tú: para mantenerse fieles a lo que son, para jamás pasar desapercibidos y quedarse en nuestras mentes por la eternidad.

¿Tú ya tienes un uniforme con el que te sientes absolutamente TÚ?
Por lo pronto te comparto cómo es el mío.

MIS BÁSICOS,
MI UNIFORME

Yo sí tengo el mío y aunque no estoy segura que seré recordada en la posteridad, mientras estoy viva soy la mujer más práctica y feliz con mi estilo.

DE INVIERNO

* Camisas de seda con botones en colores neutros
* Camisas de seda con cuello V en tonos neutros
* Camisas de hombre blanca y azul francés
* *T-shirts* gris, negra, blanca, *nude* del mejor algodón que encuentres
* Pantalones *skinny* de piel negro, azul marino, vino, gris y mostaza
* Pantalones de piel rectos
* Pantalones de piel con cierres
* Jeans *skinny* encerados gris, negro, vino, dorados y plateados
* Jeans tipo 70's
* Faldas rectas de piel tipo cocodrilo, café, negra, azul, gris y roja
* Vestido negro largo para usar de día y de noche
* Blazer largo negro. El que me tapa el *derrière*. -Considero poco elegante que se exhiba esa parte del cuerpo
* Blazer corto tipo torera con bordados e incrustaciones
* *Biker* negra, vino y azul
* Tweed *jackets* negra y blanca
* Saco tipo militar

* Suéter de cashmere con botones, de color *camel*, gris y negro
* Chaleco de fur o *faux* largo
* Gabardinas a la rodilla de color gris, *camel*, azul marino y negra
* Gabardina de charol
* Parka
* Abrigo a los tobillos, de un material que funcione todo el año
* Abrigo de zorro (la recomendación es sólo si ya tienes uno o es heredado, no compres uno nuevo)
* *Trenchcoat* beige
* Mocasines
* Zapatos bostonianos
* *Pointy shoes* rojos, *nude*, negros y azul marino
* Tennis de piel
* Botines *flat*, negros y grises
* Botines altos negros
* Botas negras de tacón alto
* Botas *flat* que te lleguen al muslo
* Sandalias *nude*
* Sandalias *strappy* negras, *nude*, plateadas y doradas
* Sombreros Fedora gris, negro, café, *nude* y azul marino
* Lentes enormes y *statement* clásicos
* Bolsas clásicas de marca (que pienso heredar a mi hija)

EN EL VERANO

* Pantalones rectos de seda, de colores verde, rosa, azul y amarillo
* Pantalones blancos de crepé de seda
* Pantalones de lino
* Blazer mediano negro, azul marino, blanco y beige
  (que llegue a la mitad del *derrière*)
* Trajes de baño de una pieza
* Túnicas
* Kimonos para salir de noche o al mar
* *Clutch* para salir en la playa
* Bolsa de playa
* Bolsa para ciudad calurosa, que sea amigable con la temperatura
* Sombreros panamá de todos colores y sabores

"De repente comprendí que tenía que encontrar MI ESTILO, ese UNIFORME que me quedara súper bien y me hiciera sentir muy cómoda. Lo encontré y me quedé con él".

III

DEFINE TU ESTILO

La moda es
lo que te
ofrecen cuatro
veces al año
los diseñadores.
El estilo es lo
que tú eliges.

-LAUREN HUTTON

DEFINE TU ESTILO

Tú, ¿ya definiste tu estilo? No te preocupes si esta pregunta te agobia. Yo creo tenerlo súper claro, pero en muchas ocasiones me lo sigo preguntando y llevo al menos quince años en el mundo de la moda. Lo que definitivamente tengo claro es el estilo que no soy, y estoy segura que tú también. De hecho, si piensas cómo eras y lo que querías demostrar al mundo hace cinco años, te afirmo que hoy ya no es lo mismo y mañana tampoco lo será. Así que bienvenida al mundo real. Es válido dudar y a veces no saber dónde estás parada, ni cuál es tu estilo.

¿Sabes qué hago con mis clientas a las que les hago asesoría de imagen? Este truco es para mí un atajo para identificar cuál es lo más cercano a la imagen de cada quien. Es muy sencillo: elige tres mujeres que te fascine cómo se visten. ¿Ya las tienes? Hay cientos de estilos que te gustan pero sólo hay tres personas con las que te identificas. Ellas te inspiran cuando las ves, te hacen soñar en tu clóset perfecto y, además, sus vidas también te resultan atractivas. Pues bien, estas mujeres son un reflejo de lo que tú consideras que puedes llegar a ser.

Si juntas a ellas tres, encontrarás un común denominador que las pone en un mismo grupo. Aquí te van algunos de los diferentes estilos posibles: *Ladylike,* clásica, urbana, *hipster, artsy,* bohemia, hippie, romántica, *minimal, rockstar, tomboy* sólo por mencionar los más usuales.

En uno de estos grupos estás tú, o en la combinación de algunos de ellos. ¿Lo lograste? ¿Descubriste por dónde va tu estilo? Una vez que lo encontraste, ponle el toque mágico y especial que sólo tú le puedes dar, algo que lo haga único. Trata de verte como si fuera el último día de tu vida.

ENCUÉNTRALO EN MINUTOS

No es tarea fácil, sobre todo porque la variedad de estilos es muy grande y está constantemente en cambio, pero una vez que los observas con detenimiento, te podrás percatar de que son grandes grupos los que comparten características medulares con una que otra variante. Yo los agrupo de la siguiente manera:

1. *LADYLIKE / PRINCESS* / CLÁSICA
2. URBANA / *HIPSTER* / *ARTSY*
3. BOHEMIA / HIPPIE / ROMÁNTICA
4. *MINIMAL*
5. *ROCKSTAR / TOMBOY*
6. SEXY

Si pensaste en las siguientes mujeres como *role models:*
* Rania de Jordania
* Olivia Palermo
* Kate Middleton
Entonces definitivamente estás en el grupo 1: *ladylike/princess/*clásica.

Si tus favoritas son:
* Alexa Chung
* Kendall Jenner
* Karlie Kloss
Entonces perteneces al grupo 2: urbana/*hipster/artsy.*

Si por tu mente pasa:
* Rachel Zoe
* Mary y Kate Olsen
* Kate Hudson
* Nicole Richie
Entonces eres del grupo 3: bohemia/hippie/romántica.

Quizá te ves como:
* Victoria Beckham
* Angelina Jolie
* Tilda Swinton
* Gwyneth Paltrow
Entonces eres del grupo 4: *minimal.*

Si pensaste en:
* Lou Dillon
* Caroline de Maigret
* Kate Moss
* Cara Delevigne
Entonces eres del grupo 5: *rockstar/tomboy.*

Pero si te atrae el estilo de:
* Sofía Vergara
* Eva Longoria
* Blake Lively
* Megan Fox
* Kim Kardashian
Entonces estás en el grupo 6: sexy.

Perfectamente puedes estar en dos grupos.
Por ejemplo: Tilda Swinton está en el de *tomboy* y en el *minimal.* Cara Delevigne está en el 2 y en el 5. Blake Lively está en el 1 y en el 6. Y Eva Longoria en el 4 y en el 6.

Lo importante es que todos estos estilos mandan un mensaje sobre la personalidad de quien los usa. Recuerda: no se trata de disfrazarte o pretender ser lo que no eres, sino de acentuar y dejar bien claro quién eres.

¿QUÉ MENSAJE
MANDA CADA ESTILO?

LADYLIKE / PRINCESS / CLÁSICA

Las mujeres que se identifican con este *look* posiblemente son idealistas, prácticas, ordenadas y distinguidas. Conocen y siguen las reglas, y tratan de que los otros también las sigan. Su vocabulario es impecable, son exigentes con ellas mismas y los demás. Por lo tanto, son rígidas, perfeccionistas, inflexibles y por qué no decirlo, un poco tercas.

URBANA / *HIPSTER* / *ARTSY*

Aquí hablamos de mujeres revolucionarias, les gusta cambiar las reglas.
Son osadas, atrevidas, líderes, carismáticas, independientes y poseen
un magnetismo distintivo. También pueden ser desafiantes, desorganizadas
y poco tolerantes.

BOHEMIA / HIPPIE / ROMÁNTICA

Si este es tu *look* es posible que seas de esas mujeres de espíritu libre, con sentido estético y una visión del mundo muy peculiar. Son pacíficas, se preocupan por el medio ambiente y la gente que las rodea. Además son alegres y divertidas. Lo no tan bueno es que también pueden ser distraídas, desordenadas, inconstantes y un poco pasivas.

Sí este es tu *look* es probable que seas práctica, enfocada, metódica, persistente, decidida y muy confiable. Lo negativo es que puede que te cierres a los cambios o la espontaneidad, seas un poco tímida, hermética y te estés perdiendo de la diversión.

ROCKSTAR / TOMBOY

Si este es el estilo con el que más te identificas se podría decir que eres valiente, persistente, aguerrida, perspicaz y autónoma. También puede que seas anárquica y un poco intolerante.

SEXY

Si la mayoría de tu ropa o la que buscas se encuentra en esta categoría,
es muy probable que te enfoques mucho en los detalles y cuides de tu cuerpo.
También demuestra que eres bastante sensible, observadora y generosa.
Sólo cuida que en ocasiones podrías no dar oportunidad de dejarte ver más
adentro. Tu belleza hipnotiza.

Estoy mencionando los estilos que considero son los más comunes, recuerda que no son todos. Hay tantas variedades que podría dedicar un sólo libro a este tema. Sin embargo, creo que estos grupos apoyan perfectamente mi intención y las necesidades de mi proyecto.

Puede sonar trillado y quizás aburrido, pero después de muchos años viajando por el mundo, viendo a la gente más chic y fabulosa, a las mujeres más elegantes y hermosas del mundo, además de estar en todas las pasarelas internacionales, algo que sí logré comprobar y entender es que la clave para encontrar tu propio estilo y mejorar tu imagen, es amarte, respetarte y sentirte cada vez mejor **siendo quien eres**. De nada sirve tener un clóset de tres pisos si tú por dentro no estás bien.

La moda es traicionera y a veces te atrapa en su capricho, no caigas en la trampa. ¡No te conviertas en su víctima!

Si lo de adentro está bien,
lo de afuera estará bien también.

- ECKART TOLLE

ERES ÚNICA
E IRREPETIBLE

Tan sólo tenía siete años y siempre que llegaba de la escuela me escondía detrás de un librero que estaba en la biblioteca de mi casa para que ella no me encontrara. Le tenía miedo, era muy estricta. Sus palabras siempre eran como un presagio, tenían una sabiduría que dolía más allá de lo natural. Mi abuela marcó mi vida. Si tuviera el poder de regresar a alguien de la muerte, definitivamente sería a ella.

Yo era muy pequeña como para entender lo profundo e importante de sus palabras, sin embargo y pese a mi edad, la fuerza con la que retumbó en mi vida fue suficiente como para crecer creyendo en tres conceptos no negociables de mi existencia:

"ERES ÚNICA E IRREPETIBLE".
"EN LO QUE PIENSAS QUE ERES, EN ESO TE CONVIERTES".
"NUNCA MIRES PARA ATRÁS NI PARA ABAJO, SÓLO PARA ADELANTE Y PARA ARRIBA".

Se llamaba María de la Luz, era una mujer adelantada a su tiempo, visionaria y futurista. Algunos dirán que estos tres conceptos que me inculcó no me ayudaron, que me limitaron. Otros, más evolucionados, entenderán que son los que me trajeron hasta este momento en el que me encuentro escribiendo mi primer libro. ¿Es importante lo que los demás piensen? En realidad no, ni tampoco lo que yo pensaba en esos momentos, simplemente mi abuela tenía toda la razón.

Cuando entiendes cómo funciona el universo dejas que las cosas pasen naturalmente, sin aferrarte, sin dolor. Aprendes de lo malo y valoras lo bueno.

El universo tiene una manera exacta de ser y hacer, y nosotros somos parte de esa grandeza. ¿Te has puesto a pensar en que cada uno de los que habitamos este planeta somos únicos e irrepetibles? ¿Sabes lo que esto significa?

La naturaleza es tan perfecta que se da el lujo de hacernos a cada uno no sólo distintos físicamente, sino que también con una personalidad propia. Entiéndelo, no hay nadie mejor ni peor que tú, sólo hay gente diferente.

Confía en la vida y en el universo. Únicamente así lograrás comprender mejor el porqué y el para qué de las cosas. Cuida lo que piensas porque si tan sólo supieras el poder que tiene y cómo todo se materializa, jamás te atreverías a pensar nada negativo de ti. En lo que piensas que eres, en eso te conviertes. ¡Ahí está lo que deseas! Céntrate en ti.

Observa cómo te boicoteas para no crecer. ¿Realmente te amas?, pues entonces aprende de ti. Cierra los ojos e integra en tu sistema lo que te digo, es magia pura. Es así como el universo actúa en cada uno de nosotros, con un propósito único, una historia y un destino que, además, dura muy poco. Es por esto que en este efímero viaje de la vida no podemos darnos el lujo de pasar inadvertidos, de ser grises o aburridos.

La vida está hecha para divertirnos, para ser felices, para dar lo mejor en cada momento y ser la mejor versión de nosotros mismos.

Necesitas encontrar la mejor versión de ti y potencializarla al mil. Tu meta no es ganarle a la de enfrente, es ganarte a ti. ¡Ojo!, se vale inspirarte en otras personas, mas no perder un minuto de tu preciosa vida en querer ser como alguien más.

Para ser irreemplazable, uno debe ser diferente.

-COCO CHANEL

IV

LAS PIEZAS QUE VAS A ENCONTRAR EN EL CLÓSET DE UNA MUJER ESTILOSA

Estás leyendo este libro porque sabes o te has dado cuenta que tu imagen sí importa y porque estás preparada para darle un *up grade* a tu *look* en cuestión de días.

Esta es mi promesa: si terminas de leer este libro en dos días y pones manos a la obra de inmediato, tu estilo será diferente. En una semana la gente empezará a notar un gran cambio en ti y te sentirás como debes sentirte, maravillosamente bien.

LAS PIEZAS CLAVE PARA
LA CIUDAD DURANTE
TODO EL AÑO

* Camisa blanca de hombre
* Blusas de seda blanca, *camel,* palo de rosa y negra, *(equipment)*
* *T-shirt* blanca, gris, negra y azul marino. (Ojo: corte favorecedor)
* Tres buenos pares de *skinny jeans* (negros, blancos y de mezclilla)
* *Boyfriend* jeans (rotos o *vintage*)
* Jeans *flare*
* Pantalón de piel negro. Es súper sexy y nunca pasa de moda
* *Pencilskirt* de piel color camel
* *Pencilskirt* en tonos oscuros y neutros
  (azul marino, gris oxford, vino y café)
* Vestido de coctel negro
* Vestido rojo de etiqueta
* *Jumpsuit* o vestido sencillo pero muy elegante para cualquier emergencia
* Chamarra *biker* negra de buena calidad y corte
* *Trenchcoat*
* Saco negro largo
* Blazer negro, tipo el de Balmain
* Blazer azul marino
* Blazer blanco
* Saco militar

* Saco de esmoquin
* Parka verde militar
* Sandalia tipo la *nudist,* color nude y negra
* *Pointy shoes* negros, *nude* y rojos
* Botines *flat* negro
* Un buen *tote,* depende del *budget* la marca
* Bolsa Chanel, Saint Laurent, Celine, Peekaboo de Fendi, o Cabat de Bottega Veneta
* *Clutch* divertido o de colores arriesgados para complementar cualquier *look*
* *Clutch* de noche, elige uno que parezca literalmente una joya
* Reloj clásico
* Lentes de sol con onda tipo *oversize* o *cateye*
* Lentes atemporales, siempre funcionan unos de pasta negra o carey
* Sombrero de invierno y de verano. Quemarse la cara con el sol no es *cool,* es la forma más rápida de envejecer antes de tiempo
* Por lo menos dos juegos de *lingerie* sexy. Si te sientes sexy por dentro lo estarás por fuera
* Un par de tennis de vestir de piel es mejor, no de hacer ejercicio

* <u>Accesorios</u>
  Alguna pieza como mínimo de la temporada actual, puede ser desde un cinturón hasta aretes, bolsa o mascada. Pueden ser elaborados o mega sencillos, pero usa algo del momento

* <u>Maquillaje</u>
  Con que te pongas rímel, un poquito de *blush* y *gloss* es más que suficiente

* <u>Perfume</u>
  Que sea de un olor poco común, no tan comercial, que te caracterice

* Lo más importante: **actitud.** Todo está en tener una confianza en ti misma brutal

La elegancia
es la única
belleza
que nunca
se marchita.

-AUDREY HEPBURN.

LAS PIEZAS CLAVE PARA LA CIUDAD EN PRIMAVERA

* Camiseta de rayas tipo náutica
* Camisas muy largas
* Camisa blanca de lino
* *T-shirt V neck* blanca o *nude*
* Blusa de manta
* *Top* veraniego con algún estampado para combinar con algo liso abajo
* Jeans blancos
* Pantalones capri
* Pantalones vaporosos
* Pantalón *skinny*
* *Shorts* corte alto color claro
* Faldas en A con *top* corto
* Falda de seda vaporosa
* Vestido camisero
* Vestidos sueltos no ajustados, pueden ser abajo de la rodilla para que se vean más *cool*
* Vestido de seda vaporosa
* Blazer azul marino con botones dorados
* Suéter blanco *oversize*
* Trenchcoat de algodón en época de lluvia

* Tennis de verano blancos o de alguna tela delgada
* Alpargatas planas *cool*, tipo Valentino.
* Zapatos planos
* Sandalias sin plataforma, a menos de que sean unas *Miu Miu* clásicas, y hay sus excepciones
* Mocasines o zapatos masculinos, *cool*
* Zapatos con tacón mediano
* Zapatos con tira en cualquier presentación
* Sombrero panamá
* Sombrero *oversize*
* Lentes *oversize*

Tips: tener un *knitwear* veraniego. Acuérdate que la mezclilla siempre funciona como un básico porque es de algodón.

Y, por último, el *look* blanco total es *SUPER TOP.*

LAS PIEZAS CLAVE
PARA LA CIUDAD EN
INVIERNO

* Pantalones de piel
* Un abrigo fabuloso de *fur* o *faux*
* Un buen abrigo de lana para invierno, puede ser gris, beige, camello y negro. De preferencia Max Mara o Céline
* Suéter de cashmere *oversize* gris
* Fedora azul marino, negro, verde botella y gris
* Botas interminables
* Pashminas negra, azul marino, gris, *nude* y hueso

LAS PIEZAS CLAVE
PARA LA PLAYA

* Pantalones vaporosos
* Pantalones anchos de lino o algodón
* *Shorts* de mezclilla, permitido hasta los 40 años
* Vestido vaporoso
* *Jumpsuits* de verano
* Capa y pantalón a juego del mismo color o tela, es de lo más chic
* Tops, capas y vestido *seethrough* si tu cuerpo lo permite
* Capas
* Kimono y todas sus variantes
* Trajes de baño completo y bikini que te tape por lo menos 3/4 del trasero. Mis favoritos son: *ERES*, Missoni, Lisa Marie Fernandez, Kiini y Mara Hoffman.
* Gladiadoras negras y café
* Sombreros panamá, el básico, con tiras de diferentes colores
* Lentes inmensos
* Bolsa playera

Tip: Un *knitwear* delgado definitivamente sí, sí. Un estampado con bordado o incrustaciones sí, se vale arriesgar. Estás en la playa.

DE NOCHE EN LA PLAYA

Cuando hablamos de playa siempre vienen a nuestra mente los escenarios más paradisiacos. En este momento mi *spot* favorito es Tulum en la Riviera Maya, ahí tengo una tienda que se llama KM33. Si vas alguna vez tienes que conocerla, se ha convertido en la ventana del diseño de moda mexicano más *top* para el mundo. Encontrarás las piezas más *chic* y te garantizo que si las llevas a la playa más snob del planeta, causarás sensación. La puedes checar en *instagram @km33tulum.*

Pantalones anchos con un top corto con textura o *print*

*

Tip: De preferencia nada muy entallado. Cambia el Herve Leger por un mini *dress off shoulder, cool.*
Lino negro definitivamente ¡sí, sí! Y batas tipo kimono transparentes o de seda con shorts abajo… Wowww.

* Tratamiento para el pelo
* Bloqueador para el pelo
* Bloqueador para la cara y el pecho
* Agua en *spray* (Evian)
* Espejo
* Toalla, una que salga de lo convencional. Las turcas o italianas son una gran opción
* *Flip flops,* la comodidad absoluta
* Revista o libro
* Cámara profesional
* Si quieres oír música, escucha la del mar.

TU LOOK MIENTRAS ESTÁS EN LA PLAYA

PELO AL NATURAL
NUNCA MAKE UP
PEDICURE OBLIGATORIO

LAS PIEZAS CLAVE
PARA EL CAMPO

* Camisa de mezclilla
* Camisa de tartán
* Camisa o chamarra con bordado artesanal de buen gusto, no folclórico
* Camisas de algodón lisas o con algún estampado, de una talla más grande que la que usas regularmente. Que parezca que es de tu novio/esposo/hermano, no tuya
* Aplica el *layering: t-shirt,* camisa, chamarra o chaleco
* Jeans *skinny*
* Jeans *flare*
* Pantalón de pana de corte moderno
* Parca verde
* Una buena chamarra de piel, de preferencia café
* Chaleco de piel, inclinándose al vaquero, no al *rock*
* Chamarra de mezclilla
* Suéter de lana o cashmere de los colores que más puedas
* Poncho, capas de cuadros, rayas, colores no sobrios, todo se vale
* Botas planas, nunca tacón
* Botas vaqueras, son una buena opción
* Pañoletas, bufandas, con estampados o con textura
* Sombrero de piel color café, verde botella y camello
* Lentes, pueden ser redondos, aviadores o clásicos

*   Cinturón. A mí me gustan mucho los Saint Laurent,
Hermès o Marant

Tip: Los flecos siempre van. Pueden ser en pashminas, pantalones, chamarras o botas. Usa máximo dos piezas de flecos a la vez.

El *heavy knitwear, cool.*

#VELOCOMOINVERSIÓN
LAS PIEZAS EN QUE DEFINITIVAMENTE DEBES INVERTIR

En la calle de *Knightsbridge* fue donde hice mis primeras y pocas compras cuando tenía 18 años. Nunca lo voy a olvidar pues siete de esas diez piezas aún siguen en mi clóset.

Con mi presupuesto podía ir una vez al mes a comprar alguna ropa en Top Shop –de entre 100 y 200 *pounds*- sin embargo, me esperaba a ahorrar cuatro meses y compraba unos zapatos o unas botas. Una buena bolsa, obviamente, era imposible, para eso no me alcanzaba pero sí para suéteres de cashmere, una gabardina o un par de buenos abrigos.

Te doy mi palabra que todo lo sigo usando y está impecable. Esperaba las rebajas de invierno en *Harrods,* así como esperaba mis juguetes en Navidad cuando era niña. Ahí compré algunas de mis mejores prendas de invierno.

Lo barato sale caro, sobre todo para las cosas que en realidad vas a usar coti-dianamente, las que serán parte de tu **uniforme.** He aprendido que hasta los jeans, si son muy buenos los usarás más. También que es mejor invertir en una bolsa buena al año, que en cinco regulares o de poca calidad. Te aseguro que en ese periodo se van a romper o las terminarás regalando.

Yo, por ejemplo, que mi estilo es muy claro, lo único que hago es darle un *upgrade* de calidad con bastante continuidad a las piezas que tengo. Una *t-shirt* con el mejor algodón y la mejor caída te puede costar 200 dólares versus los 15 que una *t-shirt* blanca podría costarte, pero la diferencia y durabilidad se ve y se siente.

También tengo mis favoritas de quince dólares que resultaron buenísimas y no cambio por nada.

LOS ZAPATOS

No tengo un milímetro de duda que hablan, dicen claramente quién es el dueño. Son los intermediarios entre tu cuerpo y la tierra. Son los vehículos que te llevan en asientos de piel o de espinas. Definitivamente unos buenos zapatos son tu comodidad, tu paz. Hacen que estar de pie sea un placer. Visten cualquier par de jeans y camiseta. Si hay una cosa que debas elegir en la vida en qué invertir en cuanto a tu *look,* son los zapatos.

Unos zapatos malos son peor que cachar a tu esposo con otro hombre. Perdón que insista, pero si quieres que tu margen de error sea mínimo, los mejores de esta especie están en Gran Vía en la Ciudad de México. Ahora, si andas en Nueva York o en Los Ángeles, Barney´s siempre es mi primera opción.

LAS BOLSAS

Tienes que pensar en las versiones clásicas de cada marca o diseñador: atemporales, las que se catalogan como **icónicas,** las que nunca pierden ni su valor ni su encanto. Las que sabes que tu hija usará gustosa cuando cumpla la mayoría de edad.

Si ya tienes la negra, café, vino o roja, aviéntate a comprar esa naranja o amarilla que tanto te llama, pero piensa que los colores neutros los vas a poder

usar y combinar más. Por ejemplo, yo muero por la bolsa Bottega Veneta verde menta, pero me compré la negra y sólo me falta dormir con ella. Le he sacado cada milímetro de provecho a su trenzado. Si algún día puedo comprar la menta lo haré, pero mi primera inversión en esta marca fue con la negra.

Chanel, Saint Laurent, Hermès, tienen hermosos especímenes de estos clásicos. También hay un *boom* en México de buenas marcas con calidad, al nivel de las mejores del mundo y ¡me matan de amor! Las he comprado y te paso el tip: Pantera, Ilka, Laddú, Oriana Rodriguez y Pink Bull. Todas las puedes comprar en línea en mexicouture.mx y en un par de días llegan a la puerta de tu casa. Si hay dos cosas en las que puedas elegir invertir, empieza por unos buenos zapatos y luego una buena bolsa.

ROPA INTERIOR

Hay mujeres que le prestan poca atención, o no la consideran importante. No seas una de ellas. ¡Te tengo noticias!, lo primero que te pones en el cuerpo es la ropa interior y si inviertes en la mejor te vas a sentir como la mejor desde que despiertas.

El tiempo que le dedicas a tu cuerpo después de que te bañas es un verdadero lujo: la crema o ese aceite de *Floris* que te pones, la música que escuchas... Tómate tu tiempo, es una forma de empezar el día amándote.

La ropa interior tiene todo que ver. Yo soy fan de *La Perla, Aubade, Agent Provocateur, Kiki de Montparnasse.* Para uso rudo tipo gimnasio, dormir, etc., utilizo *Victoria's Secret.* Hay dos diseñadoras que promuevo en todas mis plataformas de moda, me fascinan sus diseños, la mexicana *Marika Vera* y la colombiana *Suki Cohen.* ¡Búscalas!

ABRIGOS, GABARDINAS Y CHAMARRAS

Tener un ejemplar muy bueno de cada uno es vital, casi como el agua y el aire que respiramos. Los usas todos los años de tu vida. Ellos son el armazón de tu cuerpo, los que te protegen de las lluvias, el frío y el viento.

No te esfuerces en comprar una de medio pelo cada vez que llega el invierno. Compra dos abrigos largos (azul, *camel*, gris o negro). Dos que te lleguen al muslo, dos chamarras biker de distintos colores y dos gabardinas en total. Sí, leíste bien, en total durante toda tu vida. Asegúrate que sean de cashmere o en el caso de las chamarras *bikers* que sean de la mejor piel, de esas que duran 25 años impecables en tu clóset y aun así tus hijas y nietas las van a usar como *vintage.*

Yo amo las *Saint Laurent, Balenciaga y ACNE,* también las del diseñador mexicano José Sánchez que no me quito ni para dormir. Claro que si tienes más posibilidades, date el gusto de comprar una pieza fabulosa cada temporada como las de *Fendi, Chanel, Dior* o *Alexander Mcqueen* ¡Son perfectas!

PASHMINAS

Antes tenía en mi clóset 50 de todos colores, nada más estaban encerradas y apiladas. Fui deshaciéndome de ellas poco a poco, las doné a mis amigas y primas. Hagamos cuentas, si cada una me costó 20 dólares, en total son 1,000 dólares. Hubiera sido mejor que desde el principio me comprara dos de las inmensas *shahtoosh* que, aunque eran carísimas, cada vez que me las pongo en el cuello es como si tocara el cielo.

El *shahtoosh* está hoy mega prohibido y ya no lo podemos comprar, pero hay materiales muy similares e igual de finos. Yo tengo cinco piezas fabulosas que adquirí hace más de diez años, forman parte de mi uniforme diario y les he sacado provecho a cada milímetro de este exquisito material de origen persa.

Créeme, las cuido como a mi mejor bolsa. Me sirven para darle el toque final a mi *look* todas las mañanas.

SACOS

Los buenos sacos han sido mi mejor inversión. No hay nada como un buen sastre. Cuando se trata de una pieza de mi uniforme no escatimo pues ya he comprobado que después de los años le termino debiendo. Mi corte perfecto lo encontré en *Balmain*.

Un saco de esmoquin blanco y otro negro también es algo en lo que se debe invertir, te aseguro que serán tus fieles aliados todas las noches que salgas a cenar o a una fiesta de etiqueta. Mi favorito es de Saint Laurent.

SUÉTERES

Amo los de cashmere, para mí no hay nada mejor. Me gusta invertir en este material en todas sus variantes.

PANTALONES DE PIEL

Hay una alta probabilidad de que uses estos ejemplares los siguientes diez años de tu vida. Busca los mejores y que tengan buen corte. Dales mantenimiento y si ves que alguno se te manchó, llévalo a componer de inmediato. Nunca uses una prenda con defectos, denota descuido de tu parte.

ACCESORIOS

Creo que hay que tener unos aretes de uso diario de muy buena calidad. En lo personal voto por los broqueles. También hay que tener piezas *statement* que utilices diario como parte de tu uniforme. Amo las joyas de los diseñadores mexicanos, creo seriamente que podemos ser los mejores del mundo en este ramo: el escarabajo de *Daniela Villegas*, las piezas minimalistas de *Felina*, la

complejidad de *ERO*, la sencillez y belleza de *Mani Maalai*, la fuerza de *Eduardo Herrera*, lo imponente de *Anndra Neen*.

Un buen reloj clásico me parece una excelente inversión. Hay tantas marcas que no sabría por dónde empezar, pero sí sé que sería un reloj grande por mi estilo un tanto masculino. Mi favorito es el Daytona de *Rolex*.

CAMISAS BLANCAS Y CAMISETAS

Siempre compra la mejor calidad, no escatimes en estas prendas pues se nota a kilómetros cuando no son buenas. Las camisas blancas de *Dior Homme* son sensacionales para mujer. Echa un vistazo en la sección masculina ¡te sorprenderás! La mayoría de suéteres y camisas fabulosos los puedes encontrar en este espacio.

TOPS O BLUSAS DE SEDA

Busca las mejores y que no te tiemble la mano al firmar la tarjeta. Son un básico indiscutible y no hay nada más bonito que usar una camisa de seda que te dure muchos años. El único inconveniente que le veo es la cantidad de veces que las tienes que llevar a la tintorería. Si tienes bebés o niños muy chiquitos, sáltate este punto, no es una buena inversión por el momento. Te lo digo por experiencia.

VESTIDOS DE COCTEL

Invierte en tres colores distintos oscuros y tres de colores claros lisos. Combínalos con diferentes collares y cinturones delgados para que los puedas usar una y otra vez y que siempre se vean diferentes. Mis favoritos son *Lanvin* y *Roland Mouret*. Me enloquecen también los de las diseñadoras mexicanas *Julia y Renata, Jorge Ayala, Iván Ávalos* y *Kris Goyri*.

Si tienes más de 40 años, los vestidos deben llegarte a la rodilla.

Si ya tienes estos básicos, invierte en algunos con estampados más *statement*, pero para empezar los lisos siempre serán de gran ayuda.

Mi presupuesto es limitado, como el del 90% de las mujeres de este mundo, así que no invierto en vestidos con un estampado tan evidente que sólo pueda usar una vez. Si hay alguno que sea un capricho, como los miles que vemos en las revistas, intento comprar de una marca que no me importe usar nada más dos o tres veces en mi vida.

VESTIDOS DE NOCHE

La verdad es que no tolero invertir en ellos, me choca pensar en cada gala o boda qué me voy a poner y gastar un dineral para que se quede ahí estático en mi clóset y lo pueda usar tres años después una vez más y ya.

Tengo uno negro liso de *Chanel* fabuloso, otro gris de *Lanvin,* un rojo de *Vera Wang* y otro de *Valentino,* y un azul marino de *Gianfranco Reni* ¡y ya! Lo único que tienen de especial es que son lisos, me quedan perfectos y siempre que los uso están impecables y me hacen ver apropiada.
Los vestidos lisos los combino con diferentes collares. Pienso que siempre se ven estupendos y diferentes.

He insistido en no sacrificar la calidad por el precio, con los años he cambiado mis prioridades y a veces el tema de salir de *shopping* me da un poco de pereza o, simplemente, no tengo tiempo. Prefiero pasar tiempo con mis hijos y escucharlos por horas que pasar esas horas buscando un vestido para una cena, así que me he vuelto una adicta a las compras *on-line,* mi favorito en México es mexicouture.mx, mismo que yo fundé, y no es por nada, pero tiene cosas únicas que no se encuentran en ningún otro lugar del mundo. También me fascinan modaoperandi.com y net-a-porter.com.

Siempre cuida la calidad de lo que usas, porque la oportunidad de presentarte por primera vez nunca se repite.

#velo-como-inversión

V

FLAWLESS EN CUALQUIER SITUACIÓN

Por favor no te equivoques, una cosa es que haya libertad de expresión y que cada quien tengamos nuestra propia identidad y estilo, y otra muy diferente es que faltes a las reglas de etiqueta y *dresscode* que se han estipulado a lo largo de la vida para tener una sociedad más organizada.

Aquí te comparto una guía rápida de lo que sí y lo que no debes hacer en situaciones muy específicas.

BODA DE DÍA

DO

* Atreverte a usar falda con blusa *cool* o un *jumpsuit* fabuloso
* Lleva un *crop top* con una falda o pantalón ¡perfección!
* Llevar un *clutch* mini
* Sombreros o tocados si el clima lo amerita
* Vestido de encaje
* Vestido con *prints* floreados o selváticos
* Ir sola si es que no tienes pareja. Es mejor así que mal acompañada.
* Si es en salón, asegúrate de si el jardín donde será la boda tiene entarimado o es sobre el pasto. Si es en el pasto llévate unos *flats*
* Usar vestidos de lamé en lugar de satén

DON'T

* Extremadamente elegante tipo pedrería y satín
* Que el escote de tu vestido llame tanto la atención que desde el novio y hasta el papá de la novia no dejen de mirarte
* Usar vestido de lentejuelas en el día

* Vestidos embarrados y súper cortos
* Usar medias con zapatos abiertos
* Llevar una bolsa de más de 20 cm de largo
* Ir de negro

BODA EN LA PLAYA

DO

* Un vestido vaporoso siempre es buena opción
* El estampado es un must
* *Jumpsuit* de tela ligera pero con cierto detalle extra de lujo
* Si es en un lugar entarimado puedes llevar tacón, pero si no es así, no te la juegues y llévate tus mejores *flats,* de esos que parecen de *haute couture*
* Maquillaje y peinado súper natural
* Collares de coral, turquesa, aguamarinas… Todo lo relacionado al mar
* *Clutch* mini
* *Flats*
* De pronto quedarte descalza
* Que tu piel se vea radiante

DON'T

* Vestido corto muy pegado con escote. Escoge si enseñas tu súper escote, la espalda o las piernas. No se vale todo a la vez
* Zapatos cerrados. ¡Ni se te ocurra!
* Medias… primero aviéntate de un acantilado antes de cometer ese error
* Llevar pashminas. Busca una forma más creativa de cubrirte, la pashmina es mega *OUT*
* A mí me encanta ser *effortless*, pero tampoco se puede exagerar y parecer que te valió el evento
* Llevar faja, ¡morirás de calor!

BODA DE ETIQUETA

DO

* Vestido sencillo, elegante y que le favorezca a tu cuerpo
* Aprovecha y usa tus piezas *statement* de joyería o bisutería, ¡las más brutales! Es el mejor momento para lucirlas
* Píntate los labios y las pestañas a fuerza
* Que tu vestido arrastre levemente el piso
* Usa un *clutch* pequeño, que parezca una obra de arte
* Lleva un saco de esmoquin para poner en tus hombros cuando te dé frío

DON'T

* Vestido corte imperio con pedrería
* Que se te vean los zapatos en un vestido largo zancón
* Chongos de pelo alto de salón
* Hacerte caireles
* No caigas en la tentación y uses las pantuflas que ahí te dan. Mejor lleva de refuerzo unos *flats* que puedas usar para más tarde
* Jamás lleves un bolso de mano de esos casuales, de las que usarías en el día
* Pashminas con colitas de zorro o mink en la primavera o verano. Las pashminas que hacen juego con el vestido son muy cursis
* Jamás pongas el celular sobre la mesa

CITA DE TRABAJO

Creativas como publicista, comunicóloga, arquitecta, mercadóloga...

DO

* Look relajado, que se note que tienes propuesta
* Llevar alguna pieza de ropa *statement,* que se note que conoces y eres vanguardista

* Lleva tennis si ves que la cita será informal en algún café
* Jeans con blazer y algún collar *statement*
* Pantalón de algún traje sastre con una sudadera y tacones
* Puedes ir de jeans pero con prendas ultra chic que los acompañen

~~DON'T~~

* Ir de traje sastre o muy elegante. Sé auténtica
* Muy maquillada
* Muy peinada. ¡Diuu!
* Llevar tacones con los que te tambalees y no te hagan verte segura
* Pantalones o faldas embarradas, no te tomarán en serio
* Que tu pelo se vea maltratado o despeinado
* Escote exagerado
* Masticar chicle
* Zapatos descuidados
* Una bolsa enorme y que se alcance a ver lo desordenada que está
* Jamás pongas el celular sobre la mesa o escritorio

Financieras, trabajadoras del servicio público, fundaciones, abogadas...

DO

* Traje sastre de pantalón o de falda
* *Pencilskirt*
* Pantalón de corte recto
* Blusas de seda
* Pelo impecable
* Maquillaje ligero
* Tacones obligatorios
* Lentes de aumento, ¡claro, sólo si los necesitas!
* Si llevas falda, que no sea arriba de la rodilla

* Joyería de buena calidad pero discreta
* Llevar una bolsa mediana donde quepa una laptop
* Que tus zapatos se vean como nuevos
* Suéteres con cuello V
* Manicure perfecto

~~DON'T~~
* Ropa con mucho estampado
* Falda o vestido pegada y corta
* Tennis
* Lentes oscuros
* Mucho bronceado, denota que pasas mucho tiempo de vacaciones
* Jamás *shorts* o bermudas
* Cachucha
* *T-shirts*
* Camisola de tirantitos sin saco encima
* Jeans rotos
* Camisas *halter* o *strapless*

Modelo, ya sea de pasarela, editorial, publicidad...

DO
* Jeans *skinny*
* *T-shirts*
* Botines *flat*
* Sudaderas
* Tennis
* *Flipflops*
* Jeans rotos de todos colores

DON'T

* Maquillada y peinada como para salir de noche, no lo necesitas
* Sin ropa interior
* Ropa o accesorios que te haga ver de mayor edad
* Que se les transparenten los calzones
* Pants
* Ropa de hacer ejercicio

PRIMERA CITA (*DATE*)

DO

* Verte relajada con un *look* que favorezca tu figura
* Ser *effortless* en toda la extensión de la palabra
* Usar maquillaje mínimo para que tu belleza realmente se vea
* Dejar que tu piel se vea, ya sean los hombros, los brazos o las piernas
* Traer una exquisita ropa interior por si se te alcanza a ver
* Mini *clutch* si es de noche, y si es de día una bolsa que no sea muy grande
* Tacones en la noche sí o sí. En el día los *flats* son la mejor opción
* Manicure perfecto

DON'T

* Echarle demasiadas ganas y que se note
* Mucho maquillaje y peinado de salón
* Ponerte perfume como para 25 días
* Mostrar demasiado tu busto o *derrière,* aunque a los hombres les guste es una forma ordinaria de venderse. Eso lo podrás hacer en privado y sólo para él, no para toda la concurrencia del teatro, cine o restaurante
* No te disfraces de monja

PARA CONOCER A TUS SUEGROS O JEFES EN EL TRABAJO

DO

* Verte distinguida y con algún detalle que haga notar que tienes estilo propio
* Que tu ropa se vea cuidada, de tintorería, impecable
* Utiliza colores sobrios, neutros y nada llamativos. Quieres que te conozcan a ti y que no hablen toda la tarde del *look* que llevabas puesto
* Lleva zapatos cómodos por si después a tu jefe se le ocurre llevarte a conocer la planta o las oficinas. O tus suegros quieren que conozcas la colección de arte familiar

DON'T

* Ir con un *look* fachoso o descuidado
* Que tu ropa huela mal o tenga manchas de café de la mañana
* Llevar ropa transparente
* Usar tennis
* Jamás uñas postizas y menos acariciar a tu novio frente a tus suegros
* Escote innecesario
* Ser más amable con el papá de tu novio que con la mamá *¡big mistake!*
* Adular demasiado al jefe, ¡ya todos se la saben!
* Que algo te duela o que necesites alguna medicina durante esa reunión. ¡Te aguantas hasta que salgas!

PARA IR A UN RANCHO

DO

* Siempre jeans
* Botas o botines planos
* Lo que sea de flecos: chamarras, botines, bolsas, chales...
* Suéteres *oversize* de cashmere
* Sombreros, tejanas

* Cinturones con hebillas divertidas de cuernos o cualquier alusión al rancho
* Ponchos ¡la perfección!

DON'T

* Tacones en ninguna de sus modalidades
* *Pencil skirt* o minifalda, aunque sea la única prenda que quede en el universo
* Ropa con lentejuelas

PARA EL AEROPUERTO

DO

* Tennis *cool,* ballerinas o botines
* Sombrero Fedora o panamá
* Pashmina delgada, hay que traer siempre una pashmina en la bolsa, pues en el avión baja radicalmente la temperatura
* Jeans rotos o boyfriend
* Gabardina ligera

DON'T

* Tacones en cualquiera de sus versiones
* Pants, no me importa la marca ni que *celebrity* los llevaba en el aeropuerto de LAX, ¡están prohibidos!
* Llevar cinco bolsas y maletas en la mano una vez que ya documentaste
* Lentes puestos adentro del aeropuerto, a menos que seas una celebridad

PARA UN YATE

DO

* Subir descalza
* Vestidos vaporosos
* Turbantes

* Maxi lentes
* Sombreros
* Salidas del baño tan fabulosas que podrías ir a cenar con ellas
* La mayor cantidad de opciones de trajes de baño que puedas

DON'T

* Llevar una maleta ridículamente grande
* Usar zapatos, sólo los usarás cuando bajes a la marina
* Maquillaje, extensiones de pelo, uñas y pestañas postizas. Todo lo que te impida verte natural adentro del mar cuanto haya que aventarse
* Jamás despeinarte, no se ve cool que no te mojes el pelo cuanto te avientes

PARA LA NIEVE

DO

* Botas con relleno de borrega o pelo de animal
* Lentes
* Sombreros o gorros
* Guantes
* Pashminas de cashmere
* Chamarras espectaculares de plumas de ganso o de piel
* Pantalones de pana pero con cortes súper favorecedores

DON'T

* Tacón en ninguna de sus versiones
* Sólo esquiar para mostrar lo que llevas puesto y no ser una genuina apasionada de la nieve
* Esquiar con joyas de alta joyería
* Maquillaje extremo

VI

LAS CUATRO PALABRAS QUE SALVARÁN TU ESTILO: CONÓCETE A TI MISMA

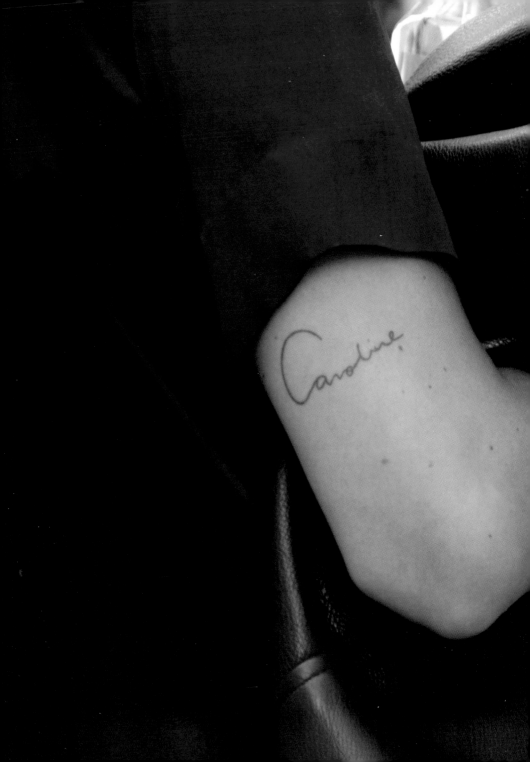

Ya sabes cómo es tu estilo, que eres única e irrepetible. Lo qué debe tener en su clóset la mujer más estilosa del mundo y los do´s and dont´s indiscutibles. Siguiente paso, la perfección absoluta. Ahora tienes que conocer tu figura para que pongas manos a la obra ¡ya! ¿Qué talla eres? ¿Qué tipo de cuerpo tienes? ¿Qué te favorece y qué debes evitar?

¿Estás lista para la primera prueba? Este es un momento en el que te recomiendo estés a solas, pues es tan íntimo que cualquier distracción puede retrasar tu proceso. Ponte frente a un espejo y obsérvate sin pensar en nadie más que en ti. Sin tratar de gustarle a nadie más, más que a ti. Te vas a dar cuenta de qué es lo que realmente puedes mejorar. ¿Tu pelo? ¿Tu piel? ¿Tu cuerpo? ¿Tu postura? ¿Tu forma de vestir? ¿Tus pensamientos? Cualquier cosa que sea que no te está haciendo sentir en tu mejor momento, ¡cámbialo! No hay tiempo que perder, eres joven e inteligente como para no ser lo mejor que puedes ser.

Definitivamente haz todo lo que esté en tus manos para que lo que tienes sea mucho mejor mañana que despiertes, pues créeme, lo que estás a punto de leer va a cambiar tu vida para siempre.

TU CUERPO,
¿USAS LA TALLA QUE TE CORRESPONDE?

Cuando trabajaba como editora de moda de *ELLE* me tocó vestir a una guapísima celebridad. Como en todas las sesiones fotográficas, una persona de mi equipo se dio a la tarea de investigar su talla con su representante.

La respuesta fue: nuestra estrella es talla 4.

Cuando llegamos a la locación con 70 prendas increíbles (blusas, faldas, pantalones y ropa interior) en talla 4, la celebridad se metió en el vestidor de donde no se oía absolutamente ninguna exclamación, ni positiva ni negativa, sólo había un silencio muy incómodo. Ella llamó a su representante y después de dos largos minutos salió quien siempre da la cara, la representante, y nos dijo: "¡nada le quedó! ¡qué clase de *styling* es este!". La celebridad estaba muy enojada y nosotros muy nerviosos. Salí en defensa de mi equipo y le dije: "querida, no es que nos hayamos equivocado, tú nos dijiste que era talla 4, si nos hubieras dicho que era 6 o 7 tendría 70 opciones espectaculares para usar en esta sesión".

La celebridad se molestó conmigo y aún cuando me ve no me saluda, pero estoy segura que a ella le sirvió esa experiencia de por vida.

Diez años después cuando la veo en alguna revista o en algún evento, la encuentro fabulosa. Esto puede significar dos cosas: una, que aceptó su talla o, dos, que adelgazó. En cualquiera de ambos casos hay un factor predominante: la aceptación.

La diferencia entre verte bien y mal tiene que ver totalmente con el fit, identifica tu talla y úsala.

Pero ¿quién dijo que ser talla 4 está bien y talla 6 mal? ¡Todo es perfección! Hay mujeres talla 7-9 que paran el tráfico. Aquí entre nos, en mis pláticas más íntimas con mis mejores amigos, ellos siempre coinciden en que las muy flacas no les gustan (a las mujeres, obvio, nos fascina ver a otras mujeres súper delgadas, son muy elegantes). Pero si en gustos se rompen géneros, entonces ¿por qué la obsesión? Una cosa es cuidarte y no tener sobrepeso y otra muy diferente es enloquecer y llegar al punto de comprar tallas más chicas como resultado de no ver la realidad.

Si todavía no sabes qué talla eres, esta es mi recomendación: entra a una tienda tipo *Zara* y mete al vestidor varias prendas en todas las tallas y una libreta. Póntelas, observa cuál es la que mejor se te ve y regístralo.

Tal vez en blusa eres *medium* y de falda eres *small,* esto pasa. Pero lo que es más importante es conocer tu cuerpo. Dedícale el tiempo necesario a algo tan primordial y no lo pierdas comprando ropa de tallas que no te quedan y que después no te podrás poner o que no se te verá nada bien.

Si tienes una prenda que usas constantemente y cada que te la pones dices "¡wow!, me fascina cómo me veo", ve la etiqueta, revisa la talla, y dale tu fidelidad a esa marca que te ha dado momentos gloriosos de felicidad.

Pensamos que si somos muy delgadas nos vamos a ver bien, pero este concepto es incorrecto. Únicamente si usas tu talla te vas a ver bien.

Ahora que ya sabes y estás orgullosa de tu talla, toma nota...

7 TIPS PARA VERTE INCREÍBLE SI ERES TALLA *SMALL* O **EXTRA** *SMALL*

Objetivo: Verte más alta.

¿Cómo lograrlo?

1. Párate bien derechita, con la columna erguida. (Está comprobado que una buena postura te alarga hasta tres centímetros).

2. Busca *looks* que te alarguen y estilicen, por ejemplo los monocromáticos crean un efecto impresionante en ti.

3. El largo de tus blazers no debe pasar de la cadera.

4. Si tus piernas son cortas, usa faldas y pantalones con tiro alto para alargarlas.

5. Evita los pantalones capri e intenta que todos lleguen a los tobillos o aún más abajo.

6. Usa zapatos *pointy*. Estoy en contra de las plataformas pues cuando eres chaparrita se ven un poco grotescas. Restan elegancia a cualquier *look*.

7. Mientras más largo sea tu pelo, más chaparrita te verás. Entre más corto mejor.

8 TIPS PARA VERTE INCREÍBLE SI ERES TALLA *LARGE* O *EXTRALARGE*

Objetivo: Verte más delgada.

¿Cómo lograrlo?

1. Usa ropa interior que te dé un buen soporte. Un *brassiere* adecuado te ayudará a mantener tu pecho definido y no desbordado. En lugar de calzón o tanga, usa *shorts, bóxers* y otros estilos que puedan ayudarte a levantar las pompis, estómago y muslos. Estos cortes crean una apariencia delgada y más ajustada.

2. Usa faja, aunque son un poco incómodas ajustan tu estómago evitando que algunas áreas sobresalgan. Quizás esta opción te parezca un poco excesiva pero es más común de lo que crees en mujeres de todas las tallas.

3. Usa tu talla. La ropa que te queda muy apretada mostrará cualquier exceso que tengas en tu cuerpo y la ropa demasiado holgada te hará ver más grande de lo que realmente eres.

   Confía en mí, sólo tu talla te hará ver bien.

4. Usa telas con caídas que fluyan. Los materiales que caen suavemente en tu cuerpo son los mejores ya que siguen su estructura sin pegarse a él.

5. Usa el color negro o la mezclilla muy oscura en la parte inferior de tu cuerpo. Evita los estampados en las zonas que no quieres resaltar.

6. Usa los cuellos en V y evita los cuellos circulares.
7. Busca pantalones de corte recto. Estos estilos dan la apariencia de un cuerpo más esbelto.
8. Están prohibidas las minifaldas, los holanes y los *leggings*. ¡Por mí podrían pavimentarlos!

Recuerda: "Los niños, los borrachos y los leggings siempre dicen la verdad".

Te estarás preguntando: ¿y qué pasa si soy *medium*? Nada, relájate y usa tu talla porque con el simple hecho de que hagas eso lucirás increíble.

MI ETERNA LUCHA POR VERME DELGADA

No hay pretextos ni excusas, lo sé. Este capítulo debería tratarse de un caso de éxito, de cómo logré la perfecta estabilidad emocional que me llevó a quedarme en la misma talla para siempre. Desafortunadamente no es así. No lo he conseguido y, por desgracia, de eso no trata este capítulo.

Este capítulo trata de mi verdad y como tengo esta lucha constante en la cual dos cuartas partes del año triunfo, y las otras dos, fracaso.

Si tú también te encuentras en esta situación, mientras intentas bajar algunos kilos de más, tienes que aplicar un plan de emergencia, una estrategia visual para verte fabulosa.

Mis tips:

* Sólo cuando realmente estoy flaca dejo que se me vea el *derrière* (en jeans, pantalones, vestidos, etc.) y no siempre. No me parece elegante.
* Uso abrigos o gabardinas delgados pero largos durante el invierno, si se puede que llegue a dos centímetros del piso. Esta medida forzosamente me hace ver más delgada y estilosa, ¡lo juro! Cuando llega el verano los cambio por chalecos.
* Los vestidos o faldas que uso son abiertos, un poco en corte "A" y que lleguen a la rodilla porque cuando subes de peso las rodillas te delatan.

* Las faldas las acinturo y las hago lo más estrechas posibles en la parte más delgada de mi tronco, en mis costillas inferiores, no en la cintura pues no es tan esbelta. El cinturón en esa sección es un *must*.
* Si de plano me aferro a ponerme un vestido entallado, busco los que tienen un bloque de color o corte que siluetee perfecto mi figura. Me refiero a los que descaradamente me ayudan a maquillar el error y que se me vea un cuerpazo, como los de *Stella McCartney* o *Victoria Beckham*.
* Cuando me toca elegir pantalones, me pongo de corte alto. Me hacen ver siempre súper larga y delgada.
* Aunque la regla dice que hay que usar jeans sin bolsas, para mí los que no las tienen son una pequeña ofensa a la madre chic.
* Uso *looks* completos de un sólo color o un sólo *print*. El negro, azul marino o gris oscuro son siempre una gran opción. Combina esta gama de colores en un mismo *look*, hacen el mismo efecto y además te verás fabulosa y súper chic.
* En verano hazlo con el color *camel* o blanco, te verás igual de delgada, aunque sea difícil de creer.
* Jamás me pongo estampados en las caderas si no estoy en forma perfecta.
* Intento entallarme la ropa lo menos posible. La gente tiene una falsa creencia de que cuando estás pasada de peso, te tienes que embarrar la ropa para verte menos gorda, pero es al revés. Cuanto más ajustada lleves la ropa, más se te notarán las llantitas y hasta se pueden contabilizar los kilos que te sobran.
* Los cuellos en V son mis mejores aliados en vestidos, camisetas o blusas de botones abiertas que hacen esta forma. Me fascina que la atención de los ojos se vaya arriba antes de que descubran lo de abajo.

* Los zapatos color *nude* te hacen ver más delgada y, si son de punta, mucho mejor. Los de plataforma y con punta redondeada, te hacen ver redonda a ti también.
* Uso traje de baño completo, no bikini.

EN FOTOS:

* Para las fotos de grupo jamás me pongo en la orilla y si me toca estar ahí, escondo la mitad de mi cuerpo detrás de la chica que me toca al lado.
* Las fotos de perfil siempre hacen que la cara se vea más afinada que cuando te las tomas de frente. Esto lo digo por las *selfies*.
* Uso mis dos brazos para tapar un poco el ancho de la cadera cuando me toca estar en una foto de frente.

LA FORMA DE TU CUERPO Y LOS SECRETOS PARA LOGRAR VERTE IDEAL

Estudia tu cuerpo detalladamente, la belleza nos ofrece un abanico de posibilidades tan diverso que hoy las marcas más icónicas en el establecimiento de estándares de belleza, tales como *Barbie,* han lanzado una línea con muñecas que tienen distintos tipos de cuerpo como *curvy* y *petite.*

Aquí no hay dudas ni caminos sinuosos es, simplemente, ubicar tus proporciones y sacarles el mejor partido.

Esta sección se trata de potenciar las mejores zonas de nuestro cuerpo y disimular las que quisiéramos que pasaran desapercibidas.

CUERPO PERA

Descripción: Las chicas con este tipo de cuerpo son las que tienen los hombros y la cintura del mismo ancho. Existe un significativo aumento en la cadera, porque tiene curvas, muslos anchos y trasero pronunciado.

Objetivo: <u>Definir más la cintura y disimular la cadera.</u>

Cómo lograrlo: Elige *outfits* donde la atención se centre en la parte superior y juega con los tonos y contrastes. Siempre trata de usar colores más claros en la parte superior y oscuros en la inferior.

PARTE SUPERIOR

Los escotes son perfectos para este tipo de cuerpo, ya que la atención debe dirigirse hacia arriba. Busca que tus prendas tengan:

* Cuello barco o redondos, así le sacarás partido a los hombros
* Escote corazón
* Cuello cuadrado
* Tirantes delgados: entre más se vean tus hombros más llamarán la atención
* Cuellos con aplicaciones o moños, ya que logran realzar al escote
* Mangas anchas, agregan volumen a tus brazos. El resultado es cadera y trasero más proporcionados.

LARGO

Las prendas superiores deben cubrir la cadera y quedar debajo del torso en la parte más ancha de las caderas.

*   Usa chamarras o sacos que llevan cinturones, tipo gabardina.

PARTE INFERIOR

Recuerda que esta es la parte más voluminosa, no significa que la tengas que esconder o borrar, sólo usarás algunos trucos para balancearla con las demás partes de tu cuerpo.

Los pantalones rectos te quedan bien.

Las faldas que mejor te van son:

* Rectas

* Corte A

El largo debe ser a las rodillas o tobillos.

Usa zapatos puntiagudos, te adelgazan las piernas a nivel óptico.

ACCESORIOS

*   Puedes usar cualquier tipo de cinturones

*   Si eres más estrecha de cintura, intenta los pequeños

*   Si tu cintura es proporcional a tus hombros, intenta los grandes

*   Usar collares atractivos y *statement* mantiene la atención en la parte de arriba.

ROPA INTERIOR

* Usa un sostén con *push up*.

TRAJE DE BAÑO

* Bikini. Para balancear tus proporciones utiliza piezas inferiores con colores sólidos y cortes con estructura. Los *shorts* arriba de la cintura son una gran opción. Un *top* o sostén muy llamativo con colores brillantes y textura (holanes, bordados, etc.) son una buena opción
* Una pieza. La clave es que no sea monocromático, busca uno con estampado o color llamativo en la parte del busto y que tenga sólo un color en la parte inferior.

EVITA:

* Usar ropa que cae de forma cuadrada
* Prendas superiores con dobladillos que llegan a tus muslos, ya que harán que la parte más ancha de tus piernas luzca aún más ancha
* Blusas cortas
* Pantalones o faldas ajustados son los menos favorecedores
* Pantalones o faldas con pliegues en la cintura, bolsas o estampados llamativos, ya que crean volumen innecesario
* Evita las minifaldas y los shorts.

CUERPO MANZANA

Descripción: Las chicas con este tipo de cuerpo son las que tienen un torso amplio, es decir: el busto, la espalda alta y la cintura son grandes y en contraste los brazos, piernas y caderas son delgados.

Objetivo: Definir la cintura y generar un efecto óptico de caderas más anchas. Debemos distraer la atención de la parte media de tu cuerpo.

Cómo lograrlo: Si tienes cuerpo de manzana es porque seguramente tienes un busto espectacular. Realzarás los puntos fuertes y disimularás esos que no te gustan tanto.

PARTE SUPERIOR

Tus blusas deben definir la zona del busto y caer sutilmente hacia la cadera. Los escotes que más te favorecen son:

* Cuellos en V
* Escotes profundos
* Sin tirantes
* *Halter*
    Blusas con drapeados o corpiños estrechos
* Blusas con *prints* o colores llamativos en la parte del busto y hombros que al mismo tiempo tienen colores oscuros en la zona de la cintura

* Sacos y chamarras con drapeado en la cintura y que caen holgados en la parte de las caderas
* Las prendas superiores con corte princesa (imperio) o las solapas en V con máximo dos botones son muy recomendables
* Sacos o chamarras cruzadas
* Las hombreras se pueden volver tus mejores aliadas
* Opta por mangas francesas.

PARTE INFERIOR

* Pantalones de corte recto
* Faldas de corte recto y a la rodilla
* Pantalones o faldas con cintura alta

Elige tejidos ligeros, con movimiento y caída. Si eres de complexión *small* a *medium* puedes usar faldas cortas que dirijan la atención a tus piernas.

ACCESORIOS

* Collares llamativos o *statement.*
* Zapatos altos que acaben en punta redonda.

ROPA INTERIOR

El secreto es tu ropa interior.

* Busca sostenes tipo *bustier* que perfilen tu silueta
* Las fajas o pantaletas que dan control a la zona de la cintura

* Consigue un *body* de tu talla que te haga sentir cómoda. Hay una amplia gama de estos productos con estructuras y materiales especializados. ¡Y claro que se vale!

TRAJE DE BAÑO

* Bikini: busca un *tankini* (lo constituye el calzón de bikini con un *tank top*) que dé efecto óptico de reloj de arena en el centro de tu figura. Cuida que la parte superior te dé el suficiente soporte y que la parte de abajo genere un efecto óptico de mayor volumen. Aquí el color o estampado brillante deberá ir en la parte inferior del traje
* Una sola pieza: busca un traje de baño donde el tejido de la parte central le dé control al abdomen y te ayude a estilizar la figura. Recuerda evitar los trajes de baño que no proporcionan suficiente estructura en la zona del busto.

~~EVITA:~~

* Prendas ceñidas o muy pegadas
* Estampados fuertes o llamativos en la zona a disimular (cintura)
* Prendas a la cadera
* Cinturones anchos debajo del pecho, intentando crear corte imperio, *total failure*
* Prendas con detalles llamativos en la cintura
* Sacos tipo torero o *crop tops.*

CUERPO H O RECTANGULAR

Descripción: Las chicas con cuerpo H o rectangular carecen de curvas o son muy sutiles.

Objetivo: <u>Crear curvas y definir cintura.</u>

Cómo lograrlo: Recuerda equilibrar la forma de tu cuerpo creando el efecto óptico de una cintura delgada.

PARTE SUPERIOR

* Busca prendas con cuellos bajos, así capturarás la atención en la parte alta de tu cuerpo
* Usa cuellos con detalles y volantes, en V y asimétricos.

SACOS Y CHAMARRAS

* Las largas que se amarran a la cintura son ideales
* Las dobles abotonaduras alargan y definen tu figura.

LARGO

* Busca prendas que queden justamente arriba de tu cadera
* Apuesta por prendas superiores ajustadas. Juega con volantes verticales o estampados que tienen el efecto óptico de curvas
* Busca prendas con colores claros, estampados geométricos o rayas horizontales.

MANGAS

* Corte farol
* Ranglán
* Con volantes.

PARTE INFERIOR

* Faldas y pantalones en colores de temporada
* Prendas que se entallen en la cintura

Los cortes más favorecedores para este tipo de cuerpo en pantalones son los:

* Rectos o *bootcut*
* *Flare*
* Pata de elefante o acampanados

Opta por tejidos y materiales con caída.

FALDAS

* Tableada o plisadas con cintura estructurada
* Rectas o *pencil*
* Tipo globo
* Faldas con cinturilla alta, sólo aplica si eres alta, no para las *petite*.

ACCESORIOS

* Pashminas

*   Pañoletas
*   Bufandas

Llévalas por el centro del pecho, apuntando a la cintura.

*   Cinturones que contrasten y definan tu cintura
*   Collares largos con figuras redondas o cuentas grandes
*   Zapatos de tacón, te ayudarán a estilizar tu postura.

ROPA INTERIOR

*   Sostén con *push up*
*   Pantaletas que te ayuden a definir la cintura.

TRAJES DE BAÑO

*   Bikini: los cortes triangulares en la parte superior son muy femeninos o *girlie*. Las piezas inferiores deben amarrarse a los lados de tu cadera, o que jueguen con texturas y colores en esta zona.

~~EVITA:~~

*   Demasiadas capas que van por toda la prenda
*   Vestidos fruncidos o con drapeado
*   Los contrastes severos
*   Blusas cortas
*   Estampados o colores claros a la altura de la cintura
*   Blusas con volumen en la cintura

Procura que en tus looks domine una tendencia monocromática.

CUERPO TRIÁNGULO INVERTIDO

Descripción: Las chicas con este tipo de cuerpo tienen los hombros más amplios (anchos) que la cadera.

Objetivo: <u>Disimular los hombros y resaltar la cadera y la cintura.</u>

Cómo lograrlo: Hay prendas específicas que se volverán tus aliadas para que tus hombros y caderas se vean balanceados.

PARTE SUPERIOR

Opta por prendas superiores ajustadas que definan la cintura.

* Escotes con fruncidos o drapeados
* Tipo V
* Scoops

Busca prendas superiores que se ajusten en la cintura y tengan volumen en las caderas. El corte *peplum* es perfecto.

MANGAS

* Raglán
* Dolmán.

SACOS Y CHAMARRAS

* Con botones justo debajo del pecho
* Sacos sin solapas

El corte princesa (imperio) también es ideal para este tipo de cuerpo.

PANTALONES

* Pierna ancha
* *Flare*
* Rectos
* Con cintura alta
* Con bolsillos o detalles en la cintura
* Con bolsillos o detalles a la cadera.

FALDAS

* Con materiales que den volumen.
* Corte A
* Tipo globo
* Peplum
* Con cintura alta
* Con bolsillos o detalles a la cadera.

LARGO

Lo más recomendable para tus prendas superiores es que terminen a la altura del hueso de la cadera

Los estampados o colores llamativos te ayudarán a lograr tu objetivo.
Recuerda elegir materiales con volumen y caída vaporosa.

ROPA INTERIOR

* Un sostén con *push up*.

TRAJE DE BAÑO

* Bikini: en la parte superior juega con texturas y colores que te ayuden a añadir volumen tanto en la parte superior como en la inferior, alejando la atención de la cintura
* Una sola pieza: busca trajes con corte halter o espalda cruzada. También los trajes de baño de un sólo hombro son muy favorecedores para este tipo de cuerpo.

EVITA:

* Los tirantes delgados
* *Strapless*
* Escote barco
* Prendas con hombros abultados
* Faldas muy ajustadas
* Hombreras
* Combinar blusas anchas con pantalones *skinny*.

CUERPO RELOJ DE ARENA

Descripción: Esta es considerada la figura ideal, si tienes este cuerpo es que tu busto y cadera están proporcionados y se acentúan con una cintura muy bien definida.

Objetivo: Centrar la atención en la cintura.

Cómo lograrlo: Mantener la sintonía de tus proporciones. No acentuar ni una ni otra.

PARTE SUPERIOR

* Redondos
* Tipo V
* Cuellos altos

Puedes optar por prendas ajustadas. Siempre cuida que el *fit* de la cintura te haga justicia. En algunos casos tendrás que mandar a ceñir las prendas. Los sacos o chamarras 3/4s con un corte que dé mucha estructura.

PANTALONES

* Rectos o *bootcut*
* *Skinny*
* *Flare*
* Con cintura alta.

FALDAS

* Tipo A
* Rectas
* *Pencilskirt*
* Con cintura alta.

ACCESORIOS

* Cinturones sobre suéteres o chalecos le darán mucho estilo a tu *look* y te ayudarán a resaltar la cintura
* Collares refinados y sutiles. Cortos o bien, muy largos que lleguen a la altura de la cintura
* Tacones altos.

TRAJES DE BAÑO

* Bikini: un top que te dé mucho soporte, los *halters, push ups* y varillas son tus mejores aliados. Busca que ninguna de las piezas sea más llamativa que la otra pues romperá con la armonía que tu cuerpo tiene por naturaleza. La buena noticia es que todos los cortes te quedan increíbles
* Una sola pieza: todos aquellos que acentúan tus fabulosas curvas, los escotes de corazón le darán un plus a tu atractivo de manera muy sutil.

~~EVITA:~~

* Prendas ajustadas que tengan bolsas a la altura de la cintura
* Añadir volumen al escote
* Bolsillos en faldas o pantalones
* Telas rígidas
* *Tops oversize*
* Vestidos tipo *baby doll*
* Pantalones o faldas de cintura baja
* Faldas drapeadas o plisadas
* Botas a la rodilla y zapatos con tiras en el tobillo.

Si no logras dar con el tipo de cuerpo que tienes, las matemáticas no te fallarán.

Un común denominador es que nuestra percepción se vea algunas veces, sino es que todas, distorsionada por prejuicios o ideas muy cerradas sobre nosotras mismas. Cuando le he preguntado a algunas mujeres qué tipo de cuerpo son, la mayoría me dice que en realidad no tiene idea.

Hay días que yo misma me siento pera, otros manzana y cuando estoy muy optimista reloj de arena. Con la siguiente recomendación vas a saber a ciencia cierta tu tipo de cuerpo.

Con tu cinta de medir en la mano, y sin ajustar de más o dejar que quede colgando, toma tus medidas de la siguiente manera:

1. Cintura a la altura del ombligo
2. Cadera en la parte donde es más pronunciada
3. Busto a la altura de los pezones

Tu cuerpo es tipo Pera si la medida de tu cadera es un 5 por ciento o más mayor a lo que mide tu busto y mucho más de lo que mide tu cintura. Es decir, si tu busto mide 90 cm, tu cadera debe medir 94.5 cm o más.

Tu cuerpo es tipo Manzana si las medidas de tu cadera son casi las mismas, pero tu cintura es 5 por ciento mayor o menor.
Por ejemplo, tu busto y cadera miden 90 cm, tu cintura podría ser de 85.5 cm o de 94.5 cm.

Tu tipo de cuerpo es Triángulo Invertido si la medida de tu busto es 5 por ciento mayor a la medida de tu cadera. Fácil si la cadera mide 90 cm tu busto mediría 94.5 o más.

Tu tipo de cuerpo es Rectangular o H en caso de que tu busto y cadera midan casi lo mismo. Tu cintura es 25 o 15 por ciento en un tamaño menor. Significa que si tienes 90 cm de busto y cadera, tu cintura podría medir entre 67.5 a 76.5 cm.

Tu tipo de cuerpo es Reloj de Arena si los resultados de las medidas de tu busto y cadera son muy parecidos y tu cintura es 27 por ciento más pequeña. Esto es en caso de que tu busto y cadera midan 90 cm, tu cintura será menor de 65 cm.

HAZ DE LOS COLORES
TUS ALIADOS

La primera asesoría de imagen me la hicieron cuando tenía 24 años, antes de esto yo compraba todo mal y equivocado. Usaba colores fosforescentes si estaban de moda y sin discriminación alguna los pasteles que, hoy sé, me deslavan completamente la cara.

Antes de dedicarme a dar asesorías personalizadas de imagen y de estar tan adentro de esta profesión, había algo de lo que sí me daba cuenta y era que había personas que se veían fabulosas y otras que pasaban desapercibidas. Todo tenía que ver con el color que usaban y, sobre todo, en la parte de arriba (camisas, suéteres, sacos, pashminas, etc.)

Hay diversas teorías al respecto, pero en la que yo siempre me guié es en la de las cuatro estaciones: primavera, verano, otoño e invierno. Cada temporada puede ser brillante o mate y cálida o fría.

La estación que tú eres tiene que ver con tu pelo, color de ojos y de piel. En esta sección descubrirás qué estación eres y qué paleta de colores puede hacerte ver mucho mejor de lo que te ves el día de hoy.

PRIMAVERA

Eres primavera si...

Clara, con tonos rosa pálido a blanco, y tus mejillas se ruborizan en tonos durazno.

Rubio claro o cobrizo, castaño claro, sólo si los reflejos naturales de tu cabello son rubios o rojizos.

Azul claro, turquesa, verdes, café o ámbar.

Los colores que mejor te quedan son los brillantes y cálidos, súper recomendados los pastel.
Los accesorios en color dorado, bronce o cobre te iluminan.

VERANO

Eres verano si...

PIEL

Clara, y tus mejillas se ruborizan de color rosado.

PELO

Rubio claro o castaño pero con subtonos cenizos.

OJOS

Azules, grises, verde profundo o con destellos café.

Los colores que mejor te quedan son fríos y mate.
Los accesorios en color plateado te hacen ver radiante.

OTOÑO

Eres otoño si...

PIEL

Tono dorado o moreno claro, llena de color y existe un leve contraste entre tu piel. Por lo general las mujeres otoño tienen pecas.

PELO

Castaño medio, oscuro o negro.

OJOS

Avellana, café oscuro, verdes aceitunados o con destellos dorados.

Los colores que mejor te quedan son los mate y cálidos. Toda la base en dorado y los colores de las hojas de otoño son para ti.
Los accesorios en color dorado te envuelven.

INVIERNO

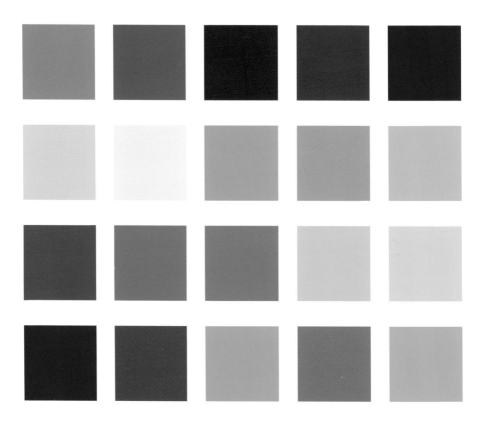

Eres invierno si...

Clara con subtonos fríos, esto es muy blanca. Cuando te ruborizas se dibuja sólo un sutil tono rosa, o pieles morenas ya sea claras u oscuras (afro-america-nas también son invierno). Existe un alto contraste entre tu piel y tu cabello.

PELO

Negro, café oscuro o castaño cenizo.

OJOS

Café, café muy oscuros (casi negros), verdes o azules pero con un tono claro sin reflejo.

Los colores que mejor te quedan son los fríos y brillantes.
Los accesorios en color plateado te hacen brillar.

¿QUÉ PROYECTAN LOS COLORES QUE USAS?

Esta pregunta no es improvisada, hay ciencias que han dedicado décadas al estudio de lo que los colores generan en nuestra mente y en la de los demás.

Haz este experimento: un día que amanezcas medio tristona, busca un vestido rojo, que te haga sentir que el mundo está a tus pies, ¡póntelo! Sonríe, péinate y sal de tu casa a tomar café con una amiga. Te prometo que será diferente la sensación a la que te da estar en pijama después de 16 horas.

No es solamente el hecho de usar algo que se te vea increíble, sino que también seas consciente de que el color sí importa y que también mueve sentimientos y acomoda la energía en diferentes niveles.

Aquí te doy un breve acercamiento al significado de los colores para que lo aproveches y lo uses a tu favor.

BLANCO

Crea armonía y equilibrio. Es el color protector por excelencia.
Nos protege de energías negativas y nos invita a cuidar nuestros pensamientos.
A los demás les causará un efecto de purificación.

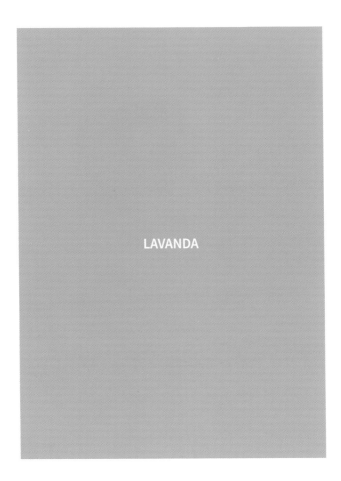

LAVANDA

Ayuda al equilibrio. La gente te verá con aire de misticismo.

PLATA

Da paz. A los demás les genera sensación de bienestar.

GRIS

Inspira. Los demás te percibirán como alguien estable, está asociado con el éxito.

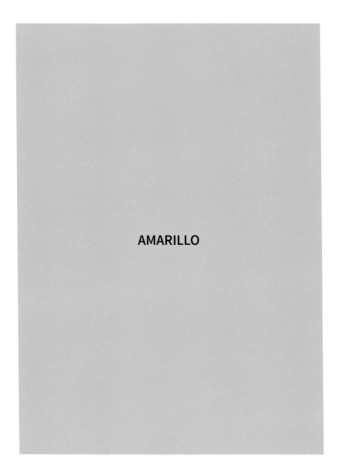

AMARILLO

Da un boost a los pensamientos, también promueve la agilidad mental. Los demás te percibirán como alguien inteligente e innovador.

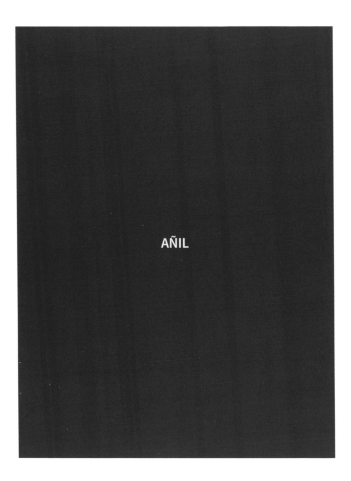

AÑIL

Cuando uses este tono te sentirás certera y confiada para decidir cualquier cosa. Los demás van a percibir un toque de espiritualidad y misticismo.

VERDE

Nos conecta con la naturaleza, al usarlo nos sentimos frescos, puros y de mejor humor. Ideal entonces si pasamos todo nuestro día en la ciudad, en donde la falta de contacto con la naturaleza desgasta nuestra energía. También es un color que reduce la irritabilidad, la agresividad, la hiperactividad mental, el nerviosismo y la impaciencia.

NEGRO

Es la elegancia y el poder por antonomasia, los demás te percibirán de esta manera. Es el color mejor valorado a la hora de juzgar a los demás a primera vista.

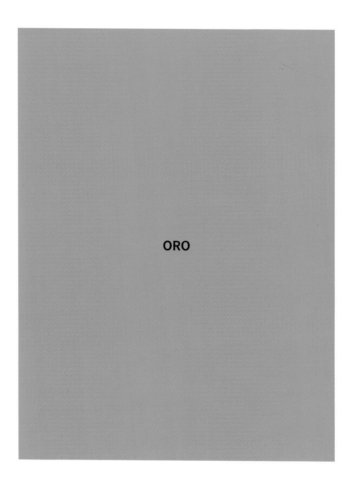

ORO

Inyecta energía. Ante los demás te verás como una persona fuerte.

NARANJA

Este es uno de los colores que más te ayudará a energizarte, también es recomendado como un color que produce bienestar, ya que aumenta tu sistema inmune. Los demás te van a percibir como alguien vibrante. Es el color ideal para la comunicación. Ayuda a superar la timidez y el aislamiento social.

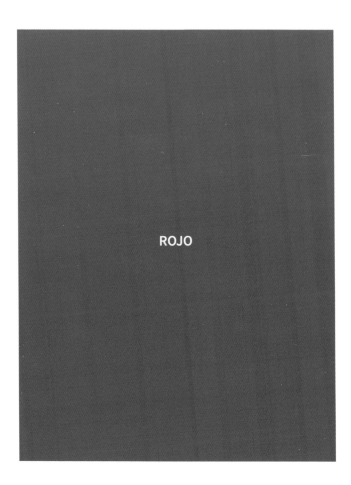

ROJO

Es pasión, cuando lo usamos (todas, absolutamente todas) nos sentimos invencibles. Acelera el metabolismo. Los demás te verán cómo alguien vital y poderoso.

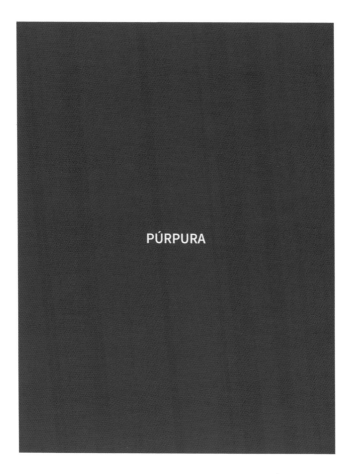

PÚRPURA

Si un día estás a punto de un colapso nervioso o casi con un bitchattack (ataque de histeria), este tono puede ser tu salvación, ya que genera serenidad. Los demás también se sentirán más relajados. Es un color que eleva nuestra autoestima, y nos hace sentir más seguros de nosotros pues despierta nuestro sabio interior. Es un color místico, especialmente importante en la meditación, la inspiración y la intuición. Ejerce una acción calmante en el corazón.

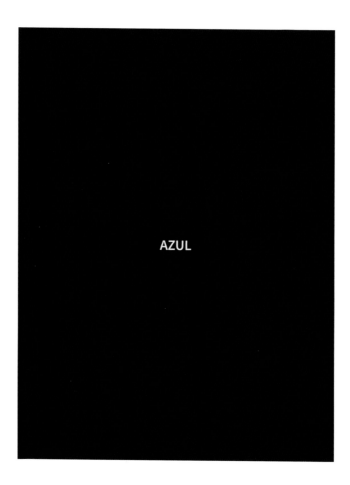

AZUL

Es ideal para una entrevista de trabajo, una cita formal o cualquier momento en el que queremos que nos perciban como una persona de confianza, responsable y seria.

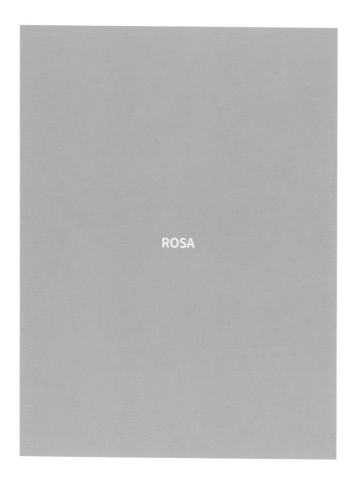

ROSA

Siempre se ha asociado con la dulzura, también con la falta de inteligencia y con la frivolidad.

Indudablemente este es un ejercicio de autoconocimiento y la primera parte fue totalmente enfocado a ti, a lo que eres. Ahora es importante dirigir nuestra atención a lo que tienes, y es que no estamos comenzando de cero.

Seguramente has dedicado tiempo y dinero a tu guardarropa, la incógnita aquí es: ¿cuántas cosas de las que tienes realmente te quedan bien y sacan lo mejor de ti?

Vayamos ahora a ese lugar que es también una parte de lo que tú eres:

tu clóset.

VII

DÉTOX A
TU CLÓSET

UN CLÓSET DESORDENADO
TE QUITA PAZ CADA MAÑANA

Sin ser estricta en el aspecto de que tu clóset refleja tu personalidad, sí es algo que te recuerda tus logros. No es que te importe que sea perfecto para la demás gente, debe ser perfecto para ti. Sólo tú lo ves y lo vives diariamente. El clóset es un espacio sagrado donde tus más preciados tesoros son preservados, es un lugar donde suceden muchas cosas, es donde la magia ocurre, es tu templo, por eso, mientras más dispuesto, vibrante y organizado esté, mejor comenzarás tu día. Pero, si está desordenado tu día comenzará desordenado. ¿Dónde está esa camisa que sólo te has puesto dos veces? ¿Dónde está la falda que compraste hace un mes? ¡Qué desastre!, te quieres morir y en vez de perder más el tiempo buscando, sacas lo primero que encuentras y sales corriendo del peor humor y sin sacarle el mejor provecho a lo que tienes ahí guardado en la *"twilight zone"*.

Recuerdas cuando Carrie Bradshaw prefirió sacrificar su departamento completo para tener un clóset digno, ¿será que la mujer actual en lo primero que piensa al comprar o rentar una propiedad es en el clóset? Lo siento por los hombres pero es la verdad, un clóset es ahora tan importante como antes lo era la cocina. ¡Oops!

SOS. LOS 6 SÍNTOMAS DE QUE TU CLÓSET NECESITA SALVACIÓN

1. Está lleno pero no tienes nada que ponerte.
2. Sacas lo que encuentras, no lo que quieres.
3. Lo último que compraste sólo le queda a tu sobrinita.
4. Nunca estás satisfecha con el *look* que tienes, tu imagen no está en el nivel en donde quisieras que esté.
5. Cuando la mayoría de tu ropa no es de tu talla.
6. Cuando insistentemente los medios y redes sociales serios de moda señalan cosas que tienes en tu clóset como *don'ts* -probablemente todos estén equivocados- seguro has de pensar.

"Si no hay movimiento no hay evolución".

PASOS PARA QUE TU CLÓSET ESTÉ MEGA ORGANIZADO

Objetivo: <u>Lo más importante es que tu tiempo de búsqueda sea corto y que aproveches el espacio que tienes al máximo.</u>

> Algunas personas sueñan con piscinas.
> Yo sueño con armarios
>
> - AUDREY HEPBURN

¿QUÉ MATERIALES NECESITAS?

*   <u>Ganchos.</u> Y no estamos hablando de los de plástico o tintorería, sino de esos ganchos divinos de madera o los cubiertos de tela. Yo recomiendo los de terciopelo para prendas en general y los de madera para abrigos.
*   <u>Cajas organizadoras.</u> Busca cajas que te ayuden a optimizar el espacio de tu clóset, ya sea que las compres en tiendas tipo *The Container Store*, o *Bed, Bath & Beyond*, etc., o que improvises pero siempre cuidando que sean lindas.
*   <u>Aromatizantes</u> de todos tipos: *sachets*, de *spray*, perlas, bouquet de flores secas, naturaleza muerta. Evita los aceites o velas aromatizadas ya que pueden manchar la ropa y los muebles.
*   <u>Un banco de madera o escalera</u> abatible que te ayude a tener acceso a todos los rincones.
*   <u>Accesorios</u> para colgar cosas en la pared.
*   <u>Etiquetas de material resistente</u> para poner en los ganchos. Como las que se cuelgan en las puertas de hoteles con la leyenda "no molestar".

Las puedes hacer tú misma y explotar tu creatividad.

* <u>Cámara</u> polaroid o cámara digital con toda la intención de imprimir.

* <u>Bolsas</u> tipo costal de tela suave para guardar tus bolsas. Muchas de ellas venían con una cuando las compraste.

* <u>Charolas</u> y material adecuado para joyería. Compra desde los que venden especiales para joyería hasta cualquier cosa que puedas adaptar con este propósito.

* <u>Espejo de cuerpo completo,</u> de preferencia que sea doble, colocado uno delante de otro para que te veas todos los ángulos.

* *<u>Vision board:</u>* es un pizarrón o tablero que vaya de acuerdo al tamaño de tu clóset con tus fotos favoritas o imágenes que te inspiren. Más adelante te explico la importancia de tener este valioso material.

* <u>Un perchero</u> (debe estar fuera del clóset).

* <u>Bolsas ziploc.</u>

* <u>Bolsas de plástico grueso transparente con cierre.</u> Las que se usan para guardar colchas o edredones.

* Invierte en <u>hormas de madera</u> para tus zapatos. Para las botas compra bases que mantengan su forma o improvisa con tubos flotadores de alberca.

* <u>Una bolsa linda,</u> con un estampado que te guste, para poner ahí lo que tienes que llevar a la tintorería.

* No olvides un *<u>Ipod</u>* <u>o reproductor de música y bocinas.</u>

* <u>Mucha iluminación.</u>

El cielo es el límite. Todo aquello que te ayude a guardar y conservar tus cosas. Hay mil ideas en línea (internet) para reciclar materiales, lo importante es que te guste y te sirva.

¡Haz limpieza sin tener piedad!

1. Saca absolutamente todo lo que guardas en el clóset. Sólo así te podrás percatar de su tamaño real y del estado en que se encuentra.

2. Tendrás que hacer una limpieza exhaustiva de todos sus rincones, lo mejor es que lo pintes de blanco y que los muebles sean de un material suave. Si es de madera verifica que ningún lugar se sienta astillado.

3. Clasifica tus prendas, es quizás el proceso más largo, por lo mismo tendrás que ser muy minuciosa y organizada. Sigue estos pasos:
   a) Separa en distintos tantos todas las blusas, los pantalones, suéteres, vestidos, faldas, jumpsuits, shorts, accesorios, etc.
   b) Una vez separadas comienza a identificar todas aquellas prendas que ya sabes que no te favorecen o que no te has puesto por dos años, todo eso se tiene que ir. ¡Sin piedad!
   Ojo, esto es una limpia, no están permitidos los apegos de ningún tipo. Entiendo el valor sentimental de ciertas cosas, por ejemplo, ese suéter que te dio tu abuelita en Navidad que jamás te pondrás pero no tienes corazón de regalar. O hay cosas de dos tallas menos que piensas que algún día volverás a usar, apártalo, está ocupando mucho espacio de tu valioso templo.
   c) Identifica las cosas que van de acuerdo a tu complexión y tipo de cuerpo, y que tienen colores que siempre harán resaltar lo mejor de ti.

4. Sé muy honesta, esa prenda que aún tiene etiqueta porque nunca supiste cómo o cuándo usar, no fue una compra atinada. Regala y regálate una que sí uses.

5. Tienes una meta: sacar por lo menos el 10% de lo que tienes en el primer filtro. Si tienes duda sólo apártalo, pero quítalo de la vista y de tu clóset principal.

6. Debes fijarte una meta ya de por vida, por cada cosa nueva que entra a tu clóset deben salir dos.

¿Cómo vas? ¿Lo estás logrando? ¡Qué difícil verdad! Quiero llorar contigo, sé lo que sientes, lo vivo una vez a la semana con mis clientas, pero vamos para adelante, este es sólo el principio de tu renacer como Ave Fénix.

7. Haz una segunda clasificación y divide prendas para trabajar: casual para el día a día, salir de noche, playa, ropa especializada (en caso de que vayas a esquiar o practiques una actividad que requiera ropa específica) o deportiva.

8. La última clasificación, (lo prometo) es dividir esas categorías en temporadas primavera-verano y otoño- invierno. Acomódalas por color, de oscuro a claro.

9. Los accesorios y sombreros serán divididos igual que las prendas.

10. Acomoda todos tus zapatos y bolsas. Revisa como si fueras agente de CSI todos los detalles, los que requieran reparación y valgan la pena conservar ponlos en una caja para mandarlos a arreglar inmediatamente.

¡Mucho cuidado!, no se trata de que se queden en esa caja hasta la próxima limpia de clóset.

11. Con los zapatos y bolsas con los que ya estás segura que te vas a quedar, harás lo que sigue: sobra decir que soy de la idea que estos deberían tener su propio santuario, pero sé que a veces no es posible honrarlos de este modo, pero eso sí, siempre les vamos a proporcionar el mejor cuidado y un almacenamiento organizado y eficaz.

Si cuentas con una zapatera, eres afortunada, si no, lo que tendrás que hacer es sacar una foto de todos los zapatos y bolsas que se quedarán en el clóset, o asígnales un número y haz una lista tipo inventario. Esto te ayudará al momento de guardarlos.

12. Realiza el mismo proceso para toda tu joyería: divide la que usas para ir a trabajar, la de diario y las piezas muy especiales que sólo son para eventos importantes o de gala.

13. Tu ropa interior, este tema es delicado. Aquí empieza todo tu ritual. Prohibido guardar ropa interior en mal estado o fea. Es importante que esté siempre como salida de la tienda.

Voy a insistir, asegúrate de que toda la ropa que quede en tu clóset esté en perfectas condiciones. Que tenga todos los botones, nada de manchas irremediables, bastilla, puños, cuello… No hay nada más desilusionante que ponerte algo que no tiene un botón. Lo mismo va para los zapatos, que todos tengan sus tapas. No dejes zapatos en mal estado, te los vas a terminar poniendo y son lo peor, es más, sal encuerada pero no te pongas ropa o zapatos descuidados. Recuerda que el hecho de que esté fuera de la vista no significa que esté fuera de tu mente. **Tú mereces lo mejor.**

ORGANIZA TU CLÓSET DE LA **A** A LA **Z**

1. Deja a la mano todo lo que corresponda a la temporada vigente.

2. Lo importante es darle un espacio específico a cada categoría y ordenarla por color siguiendo el orden del arcoíris, de claro a oscuro. Va a generar una sensación de armonía.

3. No pierdas el camino, recuerda que tienes categorías: pantalones, blusas, vestidos, que a su vez están divididas en casual, profesional, eventos especiales, etc., etc. Si están colgados los pantalones y sacos para trabajo de lado izquierdo y en medio está la ropa casual, vestido y pantalones, guarda en medio de tus repisas o estantes los jeans y t-shirts para respetar el patrón de poner en medio todo lo casual. Tienes que ser coherente con la distribución del espacio.

4. Cuando estés colgando la ropa en tus ganchos nuevos, cuida que toda se vea del mismo lado y esté colgada en la misma dirección.

5. Si sólo puedes guardar la ropa de la temporada vigente, la otra la puedes colocar en porta trajes o bolsas especiales y llevarla al clóset de visitas, la bodega, debajo de las camas u otro lugar.

6. Con las piezas que requieren ropa interior específica, esta tiene que ser parte del paquete y esas piezas tienen que estar siempre juntas, para que cuando quieras ponerte esa prenda tu *look* esté impecable.

7. Si tus vestidos largos son más grandes que el espacio del tubo al piso, manda subirlo. Haz las adecuaciones pertinentes para no tener vestidos fantásticos arrastrándose.

8. Hay personas que tienen exhibidas sus bolsas en la bolsa o costalito con que las entregan y afuera le ponen una foto polaroid de la bolsa guardada, muy bien acomodadas. Si lo quieres llevar al más alto nivel de organización lo recomendable es hacer un inventario tipo catálogo de las bolsas que tienes para que sepas dónde está cada una, y no tengas que estar sacando y metiendo todas porque de verdad se maltratan. Lo mismo puedes hacer con los zapatos, si no tienes zapatera o un mueble especial para guardarlos, ponlos en cajas con su foto pegada afuera, una caja sobre otra y así no estarán pisándose los unos a los otros. Donde cabe un par de zapatos, caben apiladas seis cajas con la foto por fuera.

9. Es importante que los accesorios como pañoletas, pashminas, bufandas, cinturones... estén siempre enrollados en cajones, cajas y organizadores, para que los puedas ver.

10. Collares: si tienes muchos, como yo, hay que organizar los *statement*, los que usas diario, los de noche, los de eventos especiales. No hay necesidad de ver un collar en tu día a día, que sólo usarías en una boda.

11. Tu joyería debe estar extendida en charolas dentro de cajones u organizadores para que la puedas ver y que esté accesible. Exhíbela para ti.

12. Puedes usar espacios de la pared con accesorio para colgar y ahí poner organizadores de collares, zapateras con tus pashminas y pañoletas. El *display* depende del espacio con el que cuentas. Sácale partido al máximo.

13. Las bolsas *ziploc* son muy buenas, sobre todo cuando las usas al vacío. Ahí puedes guardar tus pashminas, suéteres u otras piezas que no uses por temporada. Se mantendrán perfectamente bien.

14. No olvides un lugar para los sombreros, merecen su propio espacio con sus bases. Mantenlos limpios.

15. Es esencial que tengas un espejo de cuerpo completo, si no lo tienes, consíguelo. Es básico para que sepas realmente cómo te ves.

16. Aprovecha todo tu clóset: el maletero, optimiza tus cajones con organizadores. El espacio de las paredes para poner organizadores o ganchos. Si el espacio entre los entrepaños es amplio, coloca repisas entre ellos. Hay cosas que puedes y debes cambiar, te prometo que vale la pena.

17. La iluminación es clave por cuestiones funcionales y estéticas, no dejes espacios sin luz. Ya sea buscando ayuda profesional o con tu ingenio, pero tu clóset tiene que estar iluminado.

18. Ahora que todo está muy guardado y organizado, reparte aromatizantes en tus cajones y distintos puntos del clóset.

Vision Board

En el sencillo acto de escribir un plan
de una página de largo, la arquitectura
de tu abundancia te es revelada.
Y ponerlo en imágenes en un board
o pizarrón lo hace aún más fuerte y
realizable.

Busca un espacio en tu templo para
la inspiración, colócalo ahí con tus
decretos para que puedas repasarlos
mientras te estás cambiando y esto te
inyecte fuerza todos los días.

¿Qué quieres?, ponlo, velo mientras
te cambias y hazlo realidad.

Yo sí creo en el poder de la armonía y la energía, me gusta pensar que hay muchas formas alternativas para lograr bienestar.

Tú, ¿crees en el Feng Shui?, ¿quieres ir más allá de un simple acomodo de clóset? Sigue esta distribución:

* Puedes guardar tu ropa casual y la de ocasiones especiales en la parte de en medio del clóset (lo que va colgado colócalo en la parte central, lo que va doblado en repisas o estantes guárdalo en las que se encuentran en medio). Esta organización ayuda a generar paz y salud.

* Las prendas que usas para el trabajo las colocarás en la parte izquierda de tu clóset. Esta organización promueve la prosperidad y crecimiento.

* Las prendas íntimas las debes guardar en un cajón o caja organizadora muy linda de lado derecho del clóset. Esta organización promoverá tu creatividad.

La decisión es tuya, no pierdas de vista el objetivo que es tener un clóset ordenado, de fácil acceso y armonioso.

GUÍA PRÁCTICA PARA
MANTENER TU CLÓSET EN ORDEN
TODO EL AÑO

* Cuando llegues en la noche no metas inmediatamente tu ropa al clóset, deja que repose por un día fuera de él. Necesita recibir el aire y el sol para que pasen por un proceso de limpia, por eso es importante contar con un perchero para dejarla ahí como si fuera una zona de *detox*.

* Para mantener zapatos y bolsas en perfectas condiciones, es decir en mantenimiento en serio, quítales el polvo y cada mes, como mínimo, limpia las suelas de los zapatos a profundidad. Este hábito, además de ser higiénico, quita toda la energía negativa.

* Debes tener una carpeta de inventario no sólo de bolsas, sino también de toda tu ropa y accesorios. Así sabrás si prestas una prenda o si la mandaste a la tintorería. No te volverás loca cuando no sepas dónde está algo o quién lo tiene y, además, evitarás dejar cosas en el olvido.

* Una vez al mes tu clóset y todos los muebles que lo integren deben ser limpiados, no dejes que el polvo se acumule.

* Recuerda: un clóset desordenado o polvoso no contribuye a tu felicidad.

* Invierte un tiempo para armar tu look ya sea la noche anterior, o el domingo para todos los días de la semana. Esta acción te va a ahorrar tiempo y el ataque de pánico de sacar muchas cosas y dejarlas fuera de su lugar cada mañana. Puedes usar *tags* con los días de la semana y el tiempo que te sobre lo vas a invertir en comenzar tu día de la mejor manera.

Empieza tu día pensando que todo está bien y lo estará.

Es tan clara la evolución y el cambio de generaciones en cuanto a consumismo que antes nuestras abuelitas tenían un ropero, y ahora tenemos un *walk-in* clóset y aun así parece no ser suficiente. La arquitectura cambió porque las necesidades han cambiado. Carrie lo predijo en el 2000, ¿cuántas no necesitamos o desearíamos una habitación completa para nuestro clóset?

A veces tenemos que recurrir a los clósets de otras habitaciones, por eso tenemos que ser organizadas. Si como yo, vas a usurpar espacio del clóset de tu hijo o de tu hermana menor, entonces sé muy específica con lo que vas a guardar ahí. Por ejemplo en el cuarto de mi hija Paula tengo la ropa de playa, sólo entro ahí para hacer mi maleta cuando un plan maravilloso sale. En el de mi hijo Mateo tengo toda la ropa de invierno, de esquiar y de frío intenso.

Espero que nunca se revelen y exijan respeto a su espacio.

DUDAS O ACLARACIONES

* Cuando hagas esa limpia y tengas duda de si algo se queda o se va, pon el gancho al revés, si pasan meses y sigue así deshazte de esa ropa.

* Cuando saques ropa de tu clóset sepárala y ten piezas destinadas para donar, piensa en una organización de beneficencia en lugar de dársela a tu prima o amiga. Muchas veces sólo ocupará lugar en el clóset de alguien más cuando puede servirle a alguien que sí la necesite.

* ¡Ojo!, hay cosas que vas a encontrar muy valiosas porque económicamente lo son, pero para ti ya no son funcionales ni atractivas. Déjalas ir y permite que sean valiosas para otras personas. No por ser caras se deben quedar.

* Si eres de las personas que tienen muchas cosas buenas es más difícil decidir qué se queda y qué no, pero actualmente hay muchos sitios online de subastas y ventas por internet para que recuperes algo de tu inversión y puedas comprar nuevas.

  Sitios recomendados para recuperar algo de tu inversión:
  En México: Troquer **troquer.com.mx**
  París: Les trois Marches de Catherine B **les3marchesdecatherineb.com**
  Londres: Bag Borrow or Steal **bagborroworsteal.com**
  Nueva York: Rebagg **rebagg.com**

* Hay que reciclar, de ahí que existen todos estos programas como *H&M Conscious,* tenemos ese deber con el planeta. No sólo te unes a esta corriente responsable, sino que además te puedes beneficiar con descuentos para adquirir nuevas cosas.

* Será que me dediqué mucho a la moda que de verdad me encantan los *racks,* son muy cómodos porque los puedes mover de un lado a otro. Hablo de uno bonito, que si se queda en tu cuarto lucirá hasta decorativo mostrando todos tus *outfits* de la semana.

* Un buen consejo para mantener la polilla fuera de clóset es colgar lavanda.

* Si vives en un lugar donde el nivel de humedad es una amenaza, siempre ten en tu clóset sales o productos especiales que protejan tu ropa de la humedad y mantenla en constante vigilancia.

CÓMO SABER QUE TU CLÓSET ESTÁ BIEN:

* Cuando quieres pasar más tiempo en tu clóset que en tu cuarto y si por ti fuera organizarías ahí el café con tus amigas.

* Cuando buscar un *look* se convierte en un momento especial, un verdadero placer.

* Si tienes 20 o 30 años y se empieza a correr el rumor de lo bien que lo estás haciendo y notas miradas más allá de lo normal. Todas quieren copiar tu *look* y te vuelves un referente.

* Si tienes entre 30 y 45 años y tus sobrinas de 6 o 12 años cada vez que te ven te chulean y les fascina tu *look*. Acuérdate, los niños no mienten.

* Cuando abres las revistas, *blogs* o redes e identificas tus looks en los *do´s*.

* Cuando llegas a un lugar y tienes la seguridad de que lo hiciste bien.

* Sales de buen humor de tu casa.

¡A organizar se ha dicho!

VIII

FANTÁSTICA A CUALQUIER EDAD, ¡CLARO QUE SE PUEDE!

Una de los conceptos que más reducen la autoestima de las mujeres es esa obsoleta frase que dice que la belleza se marchita. ¿Qué clase de persona con poco sentido estético dijo y promulgó esta tontería? Peor aún, ¿por qué dejamos que nos afecte? Seamos honestas, no importa la edad, si estamos pasando por un mal momento o traemos cargando algo en nuestro paquete emocional nuestra confianza se verá afectada, por eso es urgente y necesario que aprendamos a cómo vernos fantásticas en todo momento y más todavía, cómo proyectar nuestro estilo sin intentar vernos de la edad que ya no tenemos o que aún no tenemos.

A los 20 eres físicamente perfecta, no hay nada que sobre o falte más que experiencia y madurez que te llegará cuánto más preparada estés.

A los 30 es cuando se empieza a definir de qué estás hecha física y emocionalmente, es cuando se comienza a pintar tu lienzo que hasta ahora estaba sólo en bocetos. Eres hermosa y fabulosa pero con muchas dudas por resolver.

A los 40 lo único que sí se marchita y debería morir es la falta de valoración a nuestra persona, es cuando más segura debes ser, estás en tu prime, ya sabes lo que quieres y lo que no quieres. Definitivamente esto hace más hermosa a la más hermosa.

A los 50 ¡Dios mío!, la vida está en tus manos, apenas vas en la mitad. Es cuando más completa eres, cuando las lecciones de la vida te sientan y te dicen "Esta eres tú" y ya no hay dudas. La única incertidumbre es cómo vivir la vida lo más feliz posible.

A los 60 toda tu sabiduría y el verdadero placer de vivir con lo que te gusta y lo que has elegido está en tus manos. Ya eres la dueña de la verdad y de tu universo.

A los 70 vives en plenitud el gran amor de familia, tus nietos, sobrinos, ahijados, todo aquel que te rodea. Sus logros son los tuyos. Eres el pilar, empiezas a recoger tu ser y anidas de regreso con los más amados. Físicamente eres la paz, las enseñanzas, el imán más grande pues lo que aportas es oro.

Por supuesto que es importante la belleza y mantenernos lo más guapas y en forma posible, aunque hay algo que es definitivo y no puedes cambiar, el tiempo pasa y todos vamos hacia el mismo lugar.

No eres la única que cuando cumple 30, 40 o 50 siente un shock espeluznante, todas lo sentimos en algún momento. Pero si dejas de mirar atrás y te ubicas en tu presente, puedes canalizar ese shock en algo positivo para renacer cada vez en una mejor versión de ti misma. Recuerda que la competencia no es con la de enfrente, sino contigo misma.

Cuando veo imágenes de mujeres como Helen Mirren, Sophia Loren, Cate Blanchett, Susan Sarandon, Cindy Crawford, Cristy Turlington, Elizabeth Hurley, Meryl Streep, sólo por mencionar algunas, quedo más que convencida de que la belleza no tiene edad. Únicamente es cuestión de portarla con orgullo y dignidad.

Hay reglas que tenemos que procurar siempre, no importa la edad: la disciplina y constancia serán nuestras mejores aliadas para llegar al nivel de Sophia Loren o Susan Sarandon.

* Yo no soy mucho de la idea del maquillaje diario. Mi fórmula es rímel, un poco de *blush* y *gloss*. Ya sea que te guste el *look* natural o que seas una artista del maquillaje, es obligatorio limpiarte la cara todos los días antes de dormir. No olvides invertir en los mejores productos que puedas encontrar de acuerdo a tu tipo de piel. Personalmente me encanta la tienda *Sephora* porque ahí encuentro todo lo que necesito.

* Qué trillado, y qué poco caso le hacemos a la alimentación. Tenemos que procurar que sea sana y balanceada. Si no estamos bien por dentro no lo estamos por fuera. Siempre que puedas, como yo, opta por la comida orgánica.

* Hidratación. El agua es vida, la única y verdadera fuente de la juventud.

* Ejercicio. No estoy hablando de que te esclavices en el *gym*, ya que no todas somos amantes del ejercicio, pero procura mantenerte en movimiento. Busca una actividad de acuerdo a tus necesidades y estilo de vida y no la dejes. Te servirá hasta como terapia para aclarar tus ideas.

* Algo muy significativo que encontré de todas las mujeres que admiro por su impecable belleza y estilo es que buscan alguna manera de alimentar su espiritualidad. No importa lo que elijas, lleva tu *make over* al nivel más trascendental.

* Cuídate, si estás dispuesta a gastar el presupuesto semanal de muchas familias en una bolsa, hazlo también con tu salud. Consulta a tu médico para cerciorarte que tu organismo está bien. ¡Anticípate!

* Duerme lo suficiente, es otro de esos secretos ancestrales. El descanso nos rejuvenece, es en esas horas cuando nuestras células se regeneran.

* Modera los hábitos como fumar o beber. Nuestro cuerpo lo resiente, yo sé que es parte de la vida. A mí me encanta disfrutar de un mezcal con mis amigos, pero me mantengo en la línea de disfrutar y no en la de fiesta extrema hasta morir.

* Aléjate del sol, además del agua, la comida saludable y el descanso, este es el factor más importante para mantener una piel joven. La chica que me hace los faciales, Yvonette, es muy picuda y fue la que me hizo realmente consciente de esta situación.

* Usa bloqueador diario, aunque estés adentro de tu casa. Mi dermatólogo de cabecera, el doctor Lancer, es el que me trae cortita con este tema y cómo ha tenido razón. Desde que sigo sus consejos mi piel rejuveneció como quince años.

* Si quieres ahorrar tiempo y esfuerzo te recomiendo que vayas a *Sephora*, ahí encontrarás la mayoría de los productos de las mejores marcas para el cuidado de tu belleza.

No es física cuántica u ocultismo lo que te estoy diciendo, simplemente son pasos básicos que tenemos que aplicar. Cada edad tiene algo mágico y enigmático en cuanto a estilo se refiere, algo que nos hace dejar huella, y también cosas que tenemos que evitar.

Los siguientes tips son para vernos fabulosas a cualquier edad:

20-30

Qué curioso, es la edad donde nuestro estado físico está al máximo. Bajamos de peso con facilidad, nuestra piel está brillante y tersa, y es cuando más errores cometemos sobre cómo debemos vestir.

Es completamente normal pues estamos en plena búsqueda de identidad, y todas debemos pasar por ahí. Sin embargo, puedo darte unos tips que te pondrán en riesgo lo menos posible.

SÍ.

Disfruta todos los estilos que te llamen la atención, puedes ser osada y arriesgarte. Juega con la moda y no la tomes tan en serio. Usa *shorts*, minifalda, tennis... Mezcla tendencias sin respeto alguno pero cuando salgas de tu casa mírate en el espejo y edítate.

Es cuando menos presupuesto tienes para vestirte pero cuando más opciones tienes de verte fabulosa. Gracias a las tiendas como *H&M*, *ZARA*, *Top Shop* y *Bershka*, puedes verte increíble con muy poco *budget*.

Maquíllate discretamente, sólo resalta tus rasgos.

NO.

No por ir a un evento de trabajo tienes que disfrazarte de diplomática, ni por salir de noche debes verte como de 42. Si usas ropa de tu mamá o de tu hermana mayor, asegúrate de mezclarla con algo que imprima tu estilo y la baje a tu edad y concepto de la moda. No necesitas tener prendas caras en tu clóset, créeme los siguientes 40 años lo vas a hacer, aguántate y disfruta la maravilla de verte bien con lo que sea.

Si puedes no te maquilles, tengo amigas que a sus casi 40's salen en sus fotos mejor que cuando tenían 20 por el exceso de maquillaje que en esa época usaban. Eres joven y entre más al natural seas lucirás más elegante. Cuando seas mayor me vas a entender.

"Puedes ser la más *chic* del mundo con *t-shirt* y *jeans,* es tu decisión".

- KARL LAGERFELD

30-40

Los científicos dicen que a los 30 años comienza la plenitud intelectual de la mujer. Nos sentimos más seguras, tenemos más claro lo que tenemos, desde luego que aún estamos aprendiendo, pero nuestros pasos son más firmes y hacemos oír más nuestra voz.

SÍ. Los estilos sofisticados y vanguardistas se ven coherentes con nuestra forma de actuar. Conocemos mejor con qué nos sentimos hermosas y sabemos sacarnos partido con lo que le va a nuestro cuerpo. Sabemos nuestras limitaciones. Usar *short* y minifalda es más riesgoso, puedes ponértelos siempre y cuando tus piernas sean divinas y estén muy bien cuidadas. Es cuando más sexy eres, pero hay que serlo con sutileza. Los escotes son permitidos siempre y cuando les des equilibrio con las faldas y los pantalones.
Tu poder adquisitivo es mayor, así que es el momento de empezar a invertir en zapatos, bolsas y ropa de la mejor calidad.
Experimenta con *looks* casuales. Ponte un maquillaje práctico y sutil que te haga ver lo joven que eres. Tu forma de comportarte y de hablar denotan más tu elegancia y quién eres que lo que llevas puesto. Cuida lo que dices y haces pues ya no eres una niña y no eres invisible. Tu imagen y reputación son muy importantes.

NO. Ya no eres adolescente, no se vale disfrazarte de Avril Lavigne en sus inicios (ni siquiera ella se sigue vistiendo así), tampoco tienes que vestirte como si ya no te importará cómo te ves.
Los *mom jeans,* andar en pants todo el día o usar sudadera siempre porque no tienes tiempo de arreglarte, no es pretexto. Sé más de lo que crees sobre lo que significa tener hijos chiquitos y además tener que andar impecable. Requiere de esfuerzo y disciplina, pero sí se puede.

40-50

Me encanta ese programa que dice que los 40's son los nuevos 20's.
Qué enigmática es una mujer de cuarenta y tantos, con esa seguridad, esa
mirada misteriosa… es seductora por el simple hecho de su experiencia y
conocimiento.

SÍ. Disfruta de tu sensualidad de manera sutil y elegante, no necesitas usar
un vestido entallado o un escote que te llegue hasta el ombligo.
Deja ver uno de tus hombros, usa falda a la rodilla, ponte unos *stilettos* y
estarás lista para impactar.

NO. No se vale el síndrome Blanca Nieves y teñir tu cabello de un tono que no
te favorece. No por usar un tinte oscuro, ocultarás mejor las canas, sino todo
lo contrario. Porta tus arrugas con orgullo. Se vale cuidarse y tener una piel
hermosa, ¿por qué someterte a cirugías que cambiarán los rasgos de tu cara?
Actrices como Kate Winslet o Susan Sarandon han rechazado las fotografías
retocadas que borran sus arrugas, aseguran que son parte de su esencia y que
su trabajo les ha costado tenerlas. ¿Qué maravilla no crees?

50-60

Aquí tu segundo nombre debe ser "Estilosa" y tu apellido "Elegante". Cuando veo imágenes de Andie MacDowell o Elizabeth Hurley no puedo pasar por alto lo impecable que lucen. Las dos portan cada uno de sus años de la manera más distinguida. A los cincuenta ya aprendiste, enseñaste, valoraste, perdiste y encontraste. Sabes que la vida sigue y con ella muchas cosas por disfrutar. Es obvio que la nostalgia por años pasados te ataque, muchas pasan por cambios hormonales que las revolucionan, pero recuerda que sin movimiento no hay evolución. Abraza esta nueva práctica etapa de tu vida y deja al mundo disfrutar de tu plenitud.

SÍ.

Arriésgate con tendencias o prendas innovadoras, los diseñadores ofrecen propuestas para todas las edades. Tú ya sabes tu estilo y con lo que te sientes hermosa, sólo dale el acento con el que más te identifiques.

NO.

No permitas que las hormonas tomen el control, y que por esta razón te abandones. Tu cuerpo está cambiando y lo seguirá haciendo. Síguele el paso y cambia junto con él. Cuidado con los peinados elaborados o muy altos, y el maquillaje recargado.

60-70

No cabe duda que la belleza que nos da la sabiduría es la más misteriosa de todas y es que cuando pensé en qué fantástica mujer de más de 60 años mencionaría, me llegaron a la cabeza mil nombres: Susan Sarandon, Sophia Loren, Jane Fonda, Carmen Lorefice, Sigourney Weaver, Jane Seymour… y así podría seguir ¿Qué es lo que pasa con estas mujeres, con esa tía, amiga de la familia o hasta nuestra propia madre que las hace tan hermosas? Créeme, ninguna de ellas es mutante ni tiene súper poderes, es la magia de haber vivido, amado y haber sido amada, de caerse y levantarse. Es la maravilla de ser.

SÍ.
Ser fiel a tu estilo, sacarte el mayor provecho, ayudar a tu piel con tratamientos cosmetológicos y dermatológicos.

NO.
Lo mismo que he mencionado antes: no olvides que hay prendas muy enfocadas para las adolescentes que te harán ver fuera de lugar. Tienes muchas cosas hermosas para escoger.

ELLAS SE APELLIDAN CHIC
LAS 14 MUJERES QUE
EN MI OPINIÓN TIENEN EL MEJOR
ESTILO DEL PLANETA

Charlotte Gainsbourg, Caroline de Maigret, Carmen Lorefice, Veronica Heilbrunner, Lou Douillon, Giorgia Tordini, Caroline Issa, Cate Blanchet, las gemelas Olsen, Carlota Casiraghi, Rania de Jordania, Tilda Swinton, Poppy Delevigne, Léa Seydoux, Marion Cotillard, Alicia Vikander y Sheikha Mozah Bint Nasser Al Missned, Jequesa de Qatar.

Estas mujeres me hacen transportar y soñar en que todo se puede. Las amo, amo su estilo, me ponen de muy buen humor en cada aparición. Coincido con ellas en que el *effortless* es la clave, pues hasta Rania de Jordania lo hace ver como algo que lleva en las venas. Saben que se trata de buen gusto y de ser ellas mismas, de sentirse habitadas en su piel y dueñas de un estilo propio. Son chic no porque tienen la misma bolsa carísima en mil colores, aunque muy probablemente las tengan, sino porque su estilo no gira alrededor de eso, sino de sí mismas.

Todas ellas son fuertes y con personalidad, muy hechas y su look lo refleja. No son víctimas de nadie y mucho menos de una tendencia: Charlotte Gainsbourg, Caroline de Maigret, Carmen Lorefice, Veronika Heilbrunner, Lou Douillon, Giorgia Tordini, Caroline Issa, Cate Blanchet, las gemelas Olsen, Isabel Preysler, Carlota Casiraghi, Rania de Jordania, Tilda Swinton, Poppy Delevingne, Léa Seydoux, Marion Cotillard, Alicia Vikander y Sheikha Mozah Bint Nasser Al Missned, jequesa de Qatar.

IX

EL LUJO ES SUBJETIVO
SÉ REALMENTE CHIC

Ser chic no tiene nada que ver con el dinero, la profesión, tu puesto en la empresa, las marcas que llevas puestas encima, ni con quién estás casada. No todas las personas chic tienen mucho dinero, ni todas las personas que tienen mucho dinero son chic.

Después de recorrer calles y ver gran cantidad de personas, logré llegar a un entendimiento profundo de lo que para mí significa tener este atributo.

Ser chic implica tener una elegancia especial para vestir, actuar, hablar y llevar la vida. Es algo que no es fácil de ser o tener pero, ciertamente, es algo que se puede cultivar. Claro, tú lo puedes tener, puedes ser productiva, sana, feliz, caminar la vida con gracia y tener seguridad. ¡Tú puedes eso y más!

Ser una mujer chic significa que sabes vivir en abundancia 24/7, que desde que despiertas respiras profundo y das gracias a la vida por lo que sí tienes y no te torturas ni sufres por lo que no tienes.

Chic es una persona que se ama y apapacha, que vive el lujo desde que abre los ojos y ve las flores que más le gustan, la que mientras se prepara para empezar el día, sonríe y escucha su música predilecta, la que prende velas con su olor favorito y se da tiempo para hacer todo con alegría y calma. El dinero facilita que estés tranquila, ¡por supuesto!, e indudablemente también te da acceso a muchas cosas espectaculares, pero no es determinante para que esta magia suceda.

Ser chic es algo que va de adentro hacia afuera y no de afuera hacia adentro.

EL VERDADERO LUJO

El tiempo es lujo, a quién se lo dedicas, con quién compartes tu vida. Es un lujo despertar feliz y en paz. El bienestar es un lujo extremo. El lujo de amarte te hace proyectar lujo. Consiéntete, ámate, vive en abundancia. Sírvete de comer como si tuvieras invitados. ¿A qué huelen tus toallas? ¿Cómo sientes el algodón de tus sábanas? ¿Cómo recibes en tu casa? Todo esto requiere de una personalidad sana, amable, educada y contenida. Alguien que recibe con una sonrisa y se entrega al mundo con su mejor versión.

¿Cuántas veces has visto mujeres que lo tienen todo pero sus inseguridades, mala actitud con las personas y con quienes le piden ayuda las hacen ver todo menos chic?

¿A cuántas personas conoces que tienen triste el alma, que se quejan todo el tiempo, se justifican y son víctimas? ¿Cuántas suelen tener malos comentarios en la mesa? Existe gente que se dedica a destruir reputaciones y no crea valor en el mundo, pero trae el último diseño de una bolsa Hermès. Incluso las coleccionan en todos los colores, y en las sociedades equivocadas les aplaudimos. Pero, ciertamente, son todo menos chic.

Una mujer exitosa en su profesión que maltrata psicológicamente a sus empleados y usa su poder para cerrar las puertas o bloquear el crecimiento de los demás no es chic.

Lo chic no es transferible ni entre hermanos ni entre cónyuges ni de padres a hijos. Es un atributo que se da o se logra de manera individual.

Lo que te hace chic es tu paz y equilibrio interior, tu comportamiento.

Tengo una amiga que todos los días viste con la ropa más linda y que mejor le queda a su estilo y figura. Sonríe al mundo y es amable con todos, y cuando digo con todos, me refiero a todo ser humano que se cruza por su camino. Siempre luce apropiada a su edad, no aparenta menos edad, aunque por su elegante y entretenida conversación podrías pensar que tiene 200 años de caminar por el mundo. Siempre logras ver su cara y el brillo de sus ojos pues su maquillaje no trata de borrar sus facciones, sino de enaltecer lo hermoso que ya tiene por nacimiento.

Es ligera pero entrañable. Ve a los ojos y te escucha con sus dos oídos, mente y corazón cuando le hablas. Siempre tiene una respuesta acertada sin necesariamente solucionar el problema. Ella se sabe poderosa y parece que le rodea un halo de luz en su actividad cotidiana.

Tiene un gusto excepcional y su casa lo refleja, el olor, la decoración y cada detalle que ahí encuentras te transporta a tu lugar favorito. Es segura de sí misma a morir, siempre ve el lado positivo a cualquier situación y una oportunidad maravillosa de ver más allá de lo que realmente está sucediendo. Piensa en los demás, se ve divina físicamente y siempre está bien vestida sin importar la ocasión.

Y, por último, vive el presente con total plenitud, cada instante le importa, cada persona es valiosa para ella.

"La verdadera elegancia está en la mente; si la tienes, el resto viene de ella."

- DIANA VREELAND

Esta es la parte más importante y en la que definitivamente quiero que pongas toda tu atención pues ella tiene algo muy importante y más valioso que todas las cualidades que arriba te describo: se hizo a sí misma, creó cada espacio y en cada oportunidad encontró una lección que la llevó a ser una de las mujeres más elegantes y chic del mundo. Un día supo que necesitaba hacerlo por alguna razón y aunque le costó algunos años, lo logró. Ni sus abuelos, ni sus padres son o han sido así en ninguna generación anterior. Era una chica tan común pero dispuesta a aprender y a ser cada vez mejor. Creció en un lindo hogar, con una familia como la de millones en el mundo. No sabía cómo se ponía una mesa ni cómo vestir. Aprendió y lo hizo, ¡así de sencillo!

Todas somos capaces de vivir con estilo y elegancia, no importa de dónde vengamos, tampoco es algo que se compra en alguna tienda, ni tiene precio. Sólo requiere de una persona completa y sólida, cultivada, con un interior lo más equilibrado posible, con un auto control imbatible, disciplina y un amor a sí misma a prueba de balas.

stop

and watch

BIOGRAFÍA

Sara Galindo es considerada una de las figuras de la moda más importantes de América Latina. Fue editora ejecutiva de moda de la revista *ELLE* México por doce años. También fue creadora, directora ejecutiva y juez de *México Diseña by Elle*, la plataforma más importante para descubrir nuevos talentos mexicanos que incluyó un programa de televisión transmitido por cinco años consecutivos en el canal *E! Entertainment Latinoamerica*. Con ese programa logró captar la atención del mundo en el diseño de moda y accesorios de México.

Junto con su equipo consiguió traer de jurado a los más importantes íconos de la moda internacional tales como: Peter Som, Carolina Herrera, Dsquared, Isabeli Fontana, Matthew Williamson, Poppy Delavingne, Jean Paul Gautier, entre otros.

Sara es la principal promotora de moda mexicana y latinoamericana porque, además de descubrir nuevos talentos y apoyarlos en su carrera, ha obtenido alianzas muy importantes en México, Panamá, Nicaragua, Costa Rica, Honduras y muchos países más.

Gracias a ella las revistas mexicanas con títulos internacionales comenzaron a incluir a diseñadores nacionales. Sobra decir, que fue pionera en la promoción del talento mexicano en medios internacionales.

Tal es su pasión en la promoción de la moda mexicana, que en 2015 cofundó *Mexicouture.mx*, la plataforma digital de moda número uno en México. Es el primer sitio de comercio electrónico en el mundo donde los diseñadores de moda mexicanos exponen lo mejor de sus colecciones para vender y exhibirlos dentro y fuera de nuestro país.

Recientemente fue nombrada licenciataria en México para *Fashion Targets Breast Cancer*, una iniciativa solidaria del Consejo de Diseñadores de Moda de América (CFDA) que reúne fondos y presta los servicios de personajes de la industria de la moda para sensibilizar al público para favorecer la causa del cáncer de mamá.

Asimismo, ha sido jurado de *Proyecto Runway Latinoamerica, Mexico's Next Top Model* de México y otros concursos de moda dentro de las universidades y escuelas de moda.

Hay que destacar su trayectoria como consultora y diseñadora de imagen, donde ha trabajado con las personas más influyentes de este país y de otras partes del mundo.

Recientemente creó *KM33*, tienda de diseñadores latinoamericanos pero sobre todo mexicanos en el lugar más exclusivo del momento, Tulum. Este pequeño paraíso ubicado en la Riviera Maya es el destino turístico mexicano que alberga a los visitantes más sofisticados y conocedores de la moda internacional. Así, esta empresa se ha convertido en la ventana de la moda de México para el mundo.

También se da tiempo para dar conferencias, es asesora de imagen de figuras públicas y consultora de algunos diseñadores de moda.

Da conferencias por toda América Latina y es una descubridora nata de talento. Gran parte de los diseñadores de moda emergentes ya establecidos que hoy tiene México se deben al ojo y pasión de esta visionaria.

Ha sido imagen de *PRIUS* de Toyota, *Samsung Galaxy 7* y ha sido embajadora para las marcas de lujo internacionales como *Ferragamo, H&M* y *Luisa Via Roma.*

Es la única mujer de la industria de la moda latinoamericana que ha colaborado con una marca internacional, diseñando un reloj de edición limitada para *Salvatore Ferragamo Relojes.*

Hoy Sara en conjunto con sus socios ha consolidado varias empresas, todas ellas impulsoras de moda y talento mexicano para exportar a todo el mundo y bajo el paraguas del holding Sara Galindo Enterprise & Co están cambiando el rumbo de la industria de la moda de México.

GLOSARIO

Arsty: artístico.

Biker: chamarra de piel con cierres.

Bootcut: pantalón de pierna ancha con la intención de que las botas entren con facilidad.

Boyfriend look: look que incluye piezas de corte masculino.

Budget: presupuesto.

Bustier: brassiere de talle largo.

Capri: pantalones que llegan arriba del talón.

Cateye: estilo de maquillaje o lentes que simulan la forma de los ojos de un gato.

Clutch: tipo de bolso de mano sin correas, lo hay de diferentes tamaños y formatos.

Crop top: top o blusa corto ceñido que deja descubierto el estómago.

Cuello barco: escote que va abierto de manera alargada hacia la unión de la clavícula con el hombro.

Dresscode: código de vestimenta.

Effortless: sin esfuerzo.

Equipment: artículos o equipo con el que se cuenta para un fin específico.

Escote scoop: cuello redondo que puede ser muy pegado al cuello o también puede llegar donde comienza el busto.

Faux: pieles de imitación.

Fedora: sombrero de fieltro con ala amplia y de look masculino. Muy característico de los gángsters de los años treinta.

Flare: pantalones acampanados.

Flat: plano, zapatos sin tacón.

Flawless: sin fallas, sin imperfecciones.

Flitflops: sandalias de pata de gallo.

Fur: pieles.

Gladiadoras: sandalias con tiras que se sujetan en el talón o pueden amarrarse a lo largo de la pierna.

Girlie: femenino.

Halter: tipo de cuello que se sujeta con el cuello y que deja la espalda al descubierto.

Hipster: grupo de personas que se caracteriza por tener gustos e intereses asociados a lo vintage, lo alternativo y lo independiente.

Jumpsuit: prenda de vestir donde el pantalón y blusa están unidos en una misma prenda.

Knitwear: prendas tejidas.

Ladylike: femenino, coqueto, con concepto de dama.

Layering: vestir en distintas capas, con varias prendas y que se vean una sobre otra.

Lingerie: lencería.

Mangas corte farol: manga que lleva el vuelo desde la unión del hombro, tiene un efecto acampanado.

Mangas dolmán: es amplia debajo del brazo sobre la sisa y busto en el costado y se va angostando sobre el antebrazo lisa o terminando en puño, como si de la blusa salieran alas.

Mangas raglán: la manga entra en el cuerpo. Se caracteriza por llevar costura en la línea de centro del hombro.

Nudist: que deja al descubierto mucha piel.

Off shoulder: prendas con los hombros al descubierto.

Outfit: atuendo.

Overall: sinónimo de jumpsuit.

Over do it: hacer de más, recargado.

Oversize: más allá de tu talla, que simule ser grande.

Parka: chaqueta, generalmente impermeabilizado o acolchado de corte militar con capucha.

Pencil skirt: falda de corte lápiz, ceñida al cuerpo con largo a la rodilla.

Peplum: exceso de tela que sale de la cintura de las prendas en corte A.

Pointy shoes: zapatos en punta.

Posh: de lujo, elegante.

Print: estampado.

Push up: almohadillas que realzan el busto.

Seethrough: transparente.

Skinny: ceñido.

Statement: declaración, propuesta.

Strappy: de tirantes.

Tankini: traje de baño de dos piezas que consta de un tank top y parte inferior tipo bikini.

Tag: etiqueta.

Timeless: algo que aparenta no ser afectado por el paso del tiempo.

Tomboy: tipo masculino.

Tote: significa cargar. Se trata de una bolsa grande comúnmente de corte cuadrado o rectangular.

Trenchcoat: abrigo con corte de gabardina.

Tweed jackets: saco de lana grueso, comúnmente combinando varios colores.

Upgrade: mejora, actualización.

Vintage: adjetivo que se da a las cosas que pertenecen a una época del pasado.

Walk-in closet: clóset con vestidor.

AGRADECIMIENTOS

A Dios, por darme cada despertar y la fuerza interna que me hace llegar a donde quiero.

A mis papás, por darme la vida y apoyarme para estar en donde estoy ahora.

A mis hermanos, por nunca dejarme sola.

A mis hijos, por ser mi motor, mi fuerza y el motivo de mi vivir.

A toda mi familia en general: abuelos, tíos, primos y sobrinos.

A Lina Botero y Natalia Gil, por haberme sembrado en el alma la semilla de este gran proyecto.

A Claudia Lizaldi, por haber puesto en la mesa los ingredientes necesarios para que este libro sucediera.

A Larisa Curiel, por haber creído en mi proyecto.

A Sephora, por su apoyo en la producción.

A Ignacio Calderón por siempre creer en mí.

A Mina Albert, por acompañarme con cariño y entusiasmo en cada palabra de este texto.

A María de los Ángeles Reygadas, por tu entrañable amistad y tu impecable talento y perfección en moda.

A Manuel Zúñiga, por subirse al barco desde el primer instante y aportar sus exquisitas imágenes.

A Dalia Pallares, por permitirme plasmar su sello en cada página de este libro.

A Khristio, porque su creatividad desborda mis sentidos.

A Sammy Samir, por ser mi coach y ayudarme a darle un sentido más profundo a este texto.

A todos los integrantes de la industria de la moda mexicana por creer en mí.

A Beatriz Enriquez, por ser mi mano derecha y hacer que todo suceda.

A Marisa Lozano y Luis Vicente García Serrano, por trabajar a mi lado y aligerar mi carga laboral.

A las dos personas con las que más disfruto estar y le dan alegría a mi alma: Alejandro Fernández y Martha Sáenz.

A las hermanas que elegí en esta vida y que han sido de muchas maneras un gran apoyo a mi crecimiento: Beatriz de la Borbolla, Viviana Corcuera de Rodríguez, Viviana Corcuera Dellavedova, a las PIG'S (Julia, Karla, Mariana, Lupita y Niza).

A José Sánchez, Manolo Espinosa, Jime Rodríguez, Paloma Magaña, Paola Treviño, Mariana Alamán, Paty Reynoso, Érika Álvarez, Alma Saldaña, María Soriano y Karla Laveaga

A César Cervantes por su brillante aportación.

A Eduardo y Chava, por haberme dado los dos mejores regalos de mi vida.

A mis socios, porque sin ellos no estaría alcanzando todos mis sueños: Johann Mergenthaler, María José Hernández, Gael Deboise y Rafael Ortega, Lilian Cababie, Raymundo del Castillo y Ramón de la Fuente.

Nunca me iría sin decirte esto…

Estoy muy agradecida de que este libro haya llegado a tus manos. En este punto estoy segura que juntas vamos a lograr cosas muy positivas.
No olvides que el objetivo de este proyecto y de la vida en general es construir, jamás destruir.

Al concluir este proyecto refuerzo mi sentir acerca de lo obligado que es que las mujeres nos empoderemos, que ocupemos nuestro lugar en el planeta y en la historia, de la construcción de la confianza en nosotras mismas y de lo vital que es el autoconocimiento.

Todo lo que en estas páginas compartí, todas estas herramientas sólo serán poderosas en tus manos si lo haces hoy por y para ti. Seamos mujeres completas, busquemos el balance y recuerda ¡no te dejes perder o confundir en las historias de los demás y no culpes a nadie de lo que te sucede!

Te invito a crear valor en el mundo, a ser una activista de la vida. Ese es el verdadero secreto de la fuerza de una mujer. La mujer que es el pilar de un hogar, de una empresa o hasta de un país.

No te detengas en lo mediocre, para eso no está hecha la vida. Rodéate de lo mejor y los mejores, de lo que te mueve y de los que te conmueven, los que sí hacen las cosas. No seamos espectadoras, seamos las protagonistas.

No pierdas el tiempo, cada minuto de tu vida vale todo, ¡es irrepetible!